canadian

vibrations

canadiennes

Biographical and historical notes
EDITH FOWKE
Notices biographiques et historiques

Consultant on guitar chords
BRAM MORRISON
Conseiller en accords de guitare

Macmillan of Canada

Music engraving and typesetting

Musictype Limited

Gravures de la musique et typographie

Printed in Canada/ Imprimé au Canada

Grateful acknowledgement is made to Alan Mills, whose suggestions and source material proved most helpful in the early stages of this project. Also acknowledged is the assistance of Guy Mauffette in selecting and obtaining materials during this period.

Nous tenons particulièrement à remercier Alan Mills dont les suggestions et la documentation se sont avérées des plus utiles au cours de la phase initiale de ce recueil.

Nous tenons également à remercier Guy Mauffette pour l'aide qu'il nous a fournie en choisissant et en nous procurant la documentation nécessaire durant cette période.

Table of Contents

Table des matières

Table of Contents — Table des matières

I
Contemporary Canada
Le Canada contemporain

La Fille de l'île

Félix Leclerc   Félix Leclerc

Moderato — Fm — C7

Il m'a don - né le pont de l'î - le, Deux

Fm

go - ë - lands et la ma - rée, Puis il est par - ti vers la

C — G7 — C7

vil - le Et je me suis mis à pleu-rer.

F — C7

Pour - quoi, pour- quoi le pont de l'î - le, Des

F

plu-mes blanch's et la ma - rée? Ce sont des cho- ses i - nu -

C7 — 1.-2.-3. F — 4. e Coda F

ti - les A fil - le qui se meurt d'ai-mer. ça!

2. Moi j'ai deux bras faits pour étreindre
Têtes d'enfants et moutons blancs,
C'est pas que je voudrais me plaindre
Mais j'envie celles qui vont au champ.
Je reste seule amont la côte
Avec mon île et la marée.
Mon bel ami a fait la faute
De croire que j'étais une fée.

3. Pourtant il sait que mes épaules
   Soulèveraient gerbes de blé,
   Il sait que j'abattrais le saule
   Pour bâtir maison à son gré.
   Il s'est penché dessus ma couche
   Et m'a saoulé de mots d'enfants.
   Il a juste effleuré ma bouche
   Comme fait le vent le vent qui ment.

4. J'échangerais ma poésie
   Pour la tête de mon ami.
   Dans mon tablier de semaine
   Je la mêlerais à mes peines.
   C'est cette longue solitude
   Qui creuse trous devant me pas.
   Ah si seulement sa main rude
   Pouvait venir chasser tout ça!

Coda

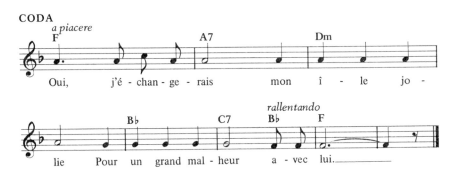

CODA

a piacere

Oui, j'é - chan - ge - rais mon î - le jo - lie Pour un grand mal - heur a - vec lui.

Félix Leclerc, le premier des chanteurs-compositeurs québécois contemporains, est considéré comme le père du mouvement chansonnier. Il est célèbre comme auteur et dramaturge de même que chansonnier, et est devenu un personnage légendaire de son vivant. Il chante la terre et la vie rurale de tous les jours qu'il a connue dans sa jeunesse, ainsi que le témoigne cette complainte d'une jeune fille de la campagne qui pense à celui qui l'a quitté.

Félix Leclerc, the first of Quebec's contemporary singer-composers, is considered the father of the chansonnier movement. He is noted as an author and dramatist as well as songwriter, and has become a legend in his own time. He sings of the land and of the simple rural life in which he grew up, as in this country girl's lament for the man who has left her.

4

Notre Sentier

Félix Leclerc

Félix Leclerc

No - tre sen - tier _____ près du ruis - seau _____ Est dé - chi -

ré _____ par les la - bours; Si tu ve - nais _____ fi - xe le

jour _____ Je t'at - ten - drais _____ sous le bou - leau.

Les nids sont vides _____ et dé - cou - sus, _____ Le vent du

nord _____ chas - se les feuil - les, Les a - lou - ettes _____ ne vo - lent

plus, _____ Ne dan-sent plus _____ les é - cu - reuils. Mê - me les

pas _____ de tes sa - bots _____ sont a-gran - dis _____ en fla-ques d'eau.

2. Notre sentier près du ruisseau
   Est déchiré par les labours;
   Si tu venais fixe le jour
   Je guetterais sous le bouleau.
   J'ai réparé un nid d'oiseau,
   Je l'ai cousu de feuilles mortes,
   Mais si tu vois, sur tous les clôts,
   Les rendez-vous de noirs corbeaux,
   Vas-tu jeter aux flaques d'eau
   Tes souvenirs et tes sabots?

3. Tu peux pleurer près du ruisseau,
   Tu peux briser tout mon amour,
   Oublie l'été, oublie le jour,
   Oublie mon nom et le bouleau.

Leclerc est aussi célèbre en France qu'au Québec, et on dit que Jacques Brel s'est inspiré de lui. Cette chanson possède la qualité aigre-douce de la musique de Brel — le souvenir du lieu de rendez-vous d'amoureux qui a été détruit et de l'amour qui est disparu.

Leclerc is as famous in France as in Quebec, and he is said to have inspired Jacques Brel. This song has the bitter-sweet quality typical of Brel's music — the recollection of a lovers' meeting place that has now been destroyed, and of a love that is gone.

Quand les hommes vivront d'amour

Capo - 1ère position
Accords en ton de ré
Capo - 1st position
Chords in Key of D

Raymond Lévesque

Raymond Lévesque

Largo

Quand les hom-mes vi-vront d'a-mour Il n'y au-ra plus de mi-sè - re___

Et com-men-ce-ront les beaux jours, Mais nous, nous se-rons morts, mon frè-re.

Quand les hom-mes vi-vront d'a-mour Ce se-ra la paix sur la ter - re,___

Les sol-dats se-ront trou-ba-dours, Mais nous, nous se-rons morts, mon frè - re.

Dans la grand' chaî-ne de la vie, Où il fal - lait que nous pas-sions,

Où il fal-lait que nous so - yons, Nous au-rons eu la mau-vai - se par - tie,...

Quand les hom-mes vi-vront d'a-mour   Il n'y au-ra plus de mi-sè - re____

Et com-men-ce-ront les beaux jours, Mais nous, nous se-rons morts, mon frè - re....

Mais nous, nous se - rons morts, mon frè   -   re....____

2. Mais quand les homm's vivront d'amour
   Qu'il n'y aura plus de misère,
   Peut-être song'ront-ils un jour
   A nous qui serons morts, mon frère.
Nous qui aurons, aux mauvais jours,
   Dans la haine et puis dans la guerre,
   Cherché la paix, cherché l'amour,
   Qu'ils connaîtront, alors, mon frère.
Dans la grand' chaîne de la vie,
   Pour qu'il y ait un meilleur temps
   Il faut toujours quelques perdants,
   De la sagesse ici-bas c'est le prix.
Quand les hommes vivront d'amour
   Il n'y aura plus de misère
Et commenceront les beaux jours,
   Mais nous, nous serons morts, mon frère....

Raymond Lévesque s'intéresse plus à l'état actuel du monde qu'aux souvenirs du passé. Ici, il rêve au jour où l'amour régnera, quand il n'y aura plus de misère ni de guerre, mais il craint qu'avant de voir ce jour, nous soyons tous morts.

Raymond Lévesque is more concerned with the current state of the world than with memories of the past. Here he dreams of a time when love will rule, when there will be no more misery or war, but he fears that before that time comes, we will all be dead.

Les Trottoirs

Raymond Lévesque

Raymond Lévesque

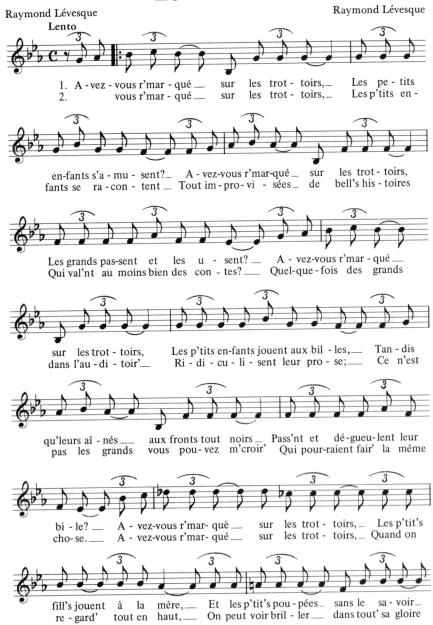

1. A - vez - vous r'mar - qué — sur les trot - toirs, — Les pe - tits
2. vous r'mar - qué — sur les trot - toirs, — Les p'tits en -

en-fants s'a - mu - sent? — A - vez-vous r'mar-qué — sur les trot - toirs,
fants se ra - con - tent — Tout im - pro- vi - sées — de bell's his - toires

Les grands pas-sent et les u - sent? — A - vez-vous r'mar - qué —
Qui val'nt au moins bien des con - tes? — Quel-que - fois des grands

sur les trot - toirs, Les p'tits en-fants jouent aux bil - les, — Tan - dis
dans l'au - di - toir' — Ri - di - cu - li - sent leur pro - se; — Ce n'est

qu'leurs aî - nés — aux fronts tout noirs — Pass'nt et dé-gueu-lent leur
pas les grands vous pou - vez m'croir' Qui pour-raient fair' la même

bi - le? — A - vez-vous r'mar- qué — sur les trot - toirs, — Les p'tit's
cho- se. — A - vez-vous r'mar- qué — sur les trot - toirs, — Quand on

fill's jouent à la mère, — Et les p'tit's pou - pées — sans le sa - voir —
re - gard' tout en haut, — On peut voir bril - ler — dans tout' sa gloire

Ont un père à la guerre? Car sur les per-rons__ de p'tit's sol-dats__
Le ciel et son flam-beau? Mais les grands qui pass'nt sur les trot-toirs__

Se li-vrent du-re ba-tail-le;___ Mais ça n'dur' pas long__
Ne voient mêm' plus la lu-miè-re,___ Car les grands qui pass'nt

quand un sol-dat__ Tomb' sur l'der-rière et puis brail-le.___ A-vez-
sur les trot-toirs__ Re-gar-dent tou-jours par ter-re.___ C'est pour-

quoi mon Dieu je vous de-man-de Si c'la est dans vo-tre vu-e,___ C'est pour-

quoi mon Dieu je vous de-man-de Que les grands march'nt dans la ru-e.

C'est une chanson des trottoirs de la ville où les enfants s'amusent à faire des rondes mais ils se font gronder par des adultes qui ont oublié leur jeunesse. Ils se racontent des histoires mais sont ridiculisés par des adultes qui ont perdu leur imagination, des adultes qui, plutôt que de voir briller le bleu du ciel, ne voient que la terre.

This is a song of the city streets where children play their singing games and are scolded by adults who have forgotten their youth, where they tell stories and are ridiculed by adults who have lost their imagination — adults who do not see the brilliant sky but look only at the ground.

Mon Pays

Gilles Vigneault   Gilles Vigneault

Mon pa-ys, ce n'est pas un pa-ys, c'est l'hi-ver; Mon jar-din, ce n'est

pas un jar-din, c'est la plaine; Mon che-min, ce n'est pas un che-

min, c'est la neige; Mon pa-ys, ce n'est pas un pa-ys, c'est l'hi-ver.

Dans la blan-che cé-ré-mo-nie Où la neige au vent se ma-

rie, Dans ce pa-ys de pou-dre-rie Mon père a fait bâ-tir mai-

son; Et je m'en vais ê-tre fi-dèle A sa ma-nière, à son mo-

dèle. La cham-bre d'a-mis se-ra telle Qu'on vien-dra des au-tres sai-

sons Pour se bâ-tir à cô-té d'elle. race.

2. Mon pays, ce n'est pas un pays, c'est l'hiver;
   Mon refrain, ce n'est pas un refrain, c'est rafale;

Ma maison, ce n'est pas ma maison, c'est froidure;
Mon pays, ce n'est pas un pays, c'est l'hiver.
De mon grand pays solitaire
Je crie avant que de me taire
A tous les hommes de la terre
"Ma maison, c'est votre maison."
Entre mes quatre murs de glace
Je mets mon temps et mon espace
A préparer le feu, la place
Pour les humains de l'horizon,
Et les humains sont de ma race.

3. Mon pays, ce n'est pas un pays, c'est l'hiver;
   Mon jardin, ce n'est pas un jardin, c'est la plaine;
   Mon chemin, ce n'est pas un chemin, c'est la neige;
   Mon pays, ce n'est pas un pays, c'est l'hiver.

CODA

Coda

Mon pa-ys, ce n'est pas un pa-ys, c'est l'en-vers D'un pa-ys qui n'é-

tait ni pa-ys ni pa-trie. Ma chan-son, ce n'est pas ma chan-

son, c'est ma vie; C'est pour toi que je veux pos-sé-der mes hi-vers._____

Gilles Vigneault, le chansonnier le mieux connu du Québec, raconta un jour sa biographie comme suit: "Je ne suis pas mort. J'ai vécu treize ans à Natashquan et ai étudié plus d'une quinzaine d'années. J'ai ramé, pêché, chassé, dansé, portagé, ri et pleuré, cueilli béris, bleuets et framboises, aimé, prié, parlé, menti. J'ai écrit cent chansons et deux livres et j'ai l'intention de continuer." "Mon Pays", sa composition la mieux connue, a gagné le premier prix du Festival International de la Chanson en 1965, à Sopot en Pologne, et est devenue pour les Québécois une sorte d'hymne national.

Gilles Vigneault, Quebec's best-known chansonnier, once gave this brief biography: "I am not dead. I lived for thirteen years in Natashquan and studied for fifteen more. I paddled, fished, hunted, danced, portaged, laughed and cried, picked berries, loved, prayed, talked, lied. Wrote a hundred songs and two books. And I intend to continue." "Mon Pays", his best-known composition, won first prize at the 1965 International Song Festival in Sopot, Poland, and has become an unofficial anthem among Quebeckers.

Le Doux Chagrin

Gilles Vigneault   Gilles Vigneault

J'ai fait de la peine à ma mi - e, J'ai fait de

la peine à ma mi - e, El - le qui ne m'en

a point fait. Qu'il est dif - fi - cile... Qu'il est dif - fi -

ci - le d'ai - mer, Qu'il est dif - fi - ci - le, Qu'il est

dif - fi - ci - le d'ai - mer, Qu'il est dif - fi - ci - le.

2. Elle qui ne m'en a point fait
   Et moi qui tant en méritait.
   Qu'il est difficile...
   Refrain

3. Et moi qui tant en méritait
   Je sais ma mie, vous m'en ferez.
   Qu'il est difficile...
   Refrain

4. Je sais ma mie vous m'en ferez
   Car depuis long de temps je sais.
   Qu'il est difficile...
   Refrain

5. Car depuis long de temps je sais
   Que sans peine il n'est point d'aimer.
   Qu'il est difficile...
   Refrain

6. Que sans peine, il n'est point d'aimer
   Et sans amour, pourquoi chanter.
   Qu'il est difficile...
   Refrain

Shakespeare a fait dire à Roméo que la "séparation était un doux chagrin", mais Vigneault raconte que l'amour lui-même est un doux chagrin, puisqu'on ne peut aimer sans chagrin.

Shakespeare had Romeo say that "Parting is such sweet sorrow", but Vigneault tells us that love itself is the sweet sorrow — that without sorrow one cannot love.

14

Capo - 1ère position
Accords en ton de sol
Capo - 1st position
Chords in Key of G

Frédéric

Claude Léveillée

Moderato

Je   me fous   du monde en-tier quand Fré - dé -ric   me   rap -

pell'   Les   a - mours de nos vingt ans,   Nos   cha -grins,   notr' chez

soi, Sans ou - bli - er   Les   co-pains des   per-rons   au-jour-d'hui dis -per -

sés   Aux qua-tre vents. On n'é-tait pas   des   po-èt's,   ni   cu-rés,   ni   ma-

lins, Mais Pa-pa nous ai-mait bien. Tu t'rap-pell's le   di-manche Au-tour d'la

tabl'.   Ça   ri - ait,   dis - cu - tait Pen-dant qu'ma-man   nous   ser -

Né à Montréal en 1933, Claude Léveillée est devenu populaire en 1959 quand Édith Piaf en a fait son protégé. En cinq ans, il a tourné neuf disques qui ont été vendus à raison d'un quart de million d'exemplaires. "Frédéric", une de ses chansons les plus populaires, rappelle l'époque où la famille vivait heureuse ensemble, unie par les liens de l'amour. Malheureusement, les temps ont changé et cette vie heureuse est disparue à jamais.

Claude Léveillée, who was born in Montreal in 1933, rose to fame in 1959 when Edith Piaf made him her protégé. In five years he made nine records which sold a quarter of a million copies. "Frédéric", one of his most popular songs, recalls a simpler age when the family lived happily together, bound by ties of love — but unhappily times have changed and that happy life is gone forever.

Le Vieux Piano

Claude Léveillée — Claude Léveillée

RÉCITATIF: Y a pas tellement longtemps, vous vous rappelez au temps du guignol, de la dentelle, on se saoulait l'dedans de pathétique, c'était la belle époque

du pia - no nos - tal - gique. A - dieu, ren-gaine, Qui nous
sui - vaient la s'maine Et sa - vaient nous ré - jouir Quand nous
vi - vions le pire. Mais dé - jà de-puis long-temps On vous
a ou - bli-és, Vous n'êtes plus d'not-re temps, Res-tez dans vos mu -
sées. Ce sont vos pia - nos mé - ca-niques Que vous a -
vez rem-pla - cés— Par des boîtes à mu - sique

Qui pour dix sous Vous tirent deux dis - ques coup sur coup; Pour-vu qu'ça

18

joue Nous on s'en fou. Ce sont vos pia - nos tout u - sés Qui se sont

tus, pa - ra - ly - sés, Ob - jets d'an - ti - qui - tés,

Qui au - tre-fois fai-saient la joie des sa-lons Et ils é -

al Coda

taient les grands rois de la chan-son.

Mais mal - gré tout On se sou - vient de vous, Et c'est

a - vec re - grets Que l'on vous sait mu - ets. Mais ce

soir, moi, je vous aim' Et je veux que l'on vous chant', Vous que

dal Segno

la vie re-tranch' de même Vos frè - res les poè-tes. Ce sont vos

CODA

A - dieu, ren - gaine, Qui nous sui - vaient la s'maine Et sa -

D7 *rallentando poco a poco*

vaient nous ré - jouir Quand nous vi - vions le pire. Mais dé -

G7 **Dm7** **G7**

jà de - puis long-temps On vous a ou - bli - és...

RÉCITATIF: Pourtant, y a pas tellement
longtemps, vous vous rappelez au temps du guignol, de la dentelle, on se saoulait

Dm **A7** **Dm**

l'dedans de pathétique, c'était la belle époque du pia - no nos - tal-gique.

Il semble que Léveillée affectionne particulièrement les vieux pianos; il a composé deux chansons, bien différentes l'une de l'autre, intitulées "Le Vieux Piano". Dans celle-ci, il se rappelle avec nostalgie l'époque où le piano constituait le centre d'attraction des petites boîtes à chansons, petites boîtes où, au tout début, les chansonniers se rencontraient pour échanger leurs chansons. Il regrette que cette magnifique époque ne soit plus: le vieux piano est devenu pièce de musée, et remplacé par des juke-box mécaniques.

Léveillée is apparently very fond of old pianos — he has written two quite different songs both entitled "Le Vieux Piano". In this one he looks back nostalgically to the time when the piano was the centre of entertainment in the little "boîtes à chansons" — the small clubs where the chansonniers used to meet to exchange songs in the early days. He laments the passing of those fine times: the old piano is now relegated to the museum and replaced by mechanical juke-boxes.

Feuilles de gui

Jean-Pierre Ferland

Jean-Pierre Ferland et Pierre Brabant

Moderato

Quand nous boi-rons au mê-me verre La ti-sa-ne des bons co-

pains, Et qu'aux qua-tre coins de la terre Le fiel tour-ne-ra rai-

sin, Quand nous al-lu-me-rons nos pipes Au flam-beau d'u-ne li-ber-

té Pay-ée au prix d'u-ne sa-live Et non à ce-lui d'une é-pée,

REFRAIN

Ce jour, ce jour, je por-te-rai__ feuil-les de gui. Ce

jour, ce jour, je por-te-rai__ feuil-les de gui.

2. Mais tout autour de moi s'enchaîne;
   Je ne sais plus trop bien qui j'aime,
   Si je dois mordre ou caresser,
   Tresser la corde ou la brûler.
   Vienne la saison des colombes
   Et celle des feuilles de gui,
   Poussent les roses sur les tombes
   Et dans le canon des fusils.

Refrain et Coda

CODA

Di - tes - moi   com-ment, mère,   é - crit - on   le   mot   "paix".

Jean-Pierre Ferland est un des jeunes chansonniers les plus populaires du Québec et cette chanson lui a gagné une renommée qui dépasse de beaucoup les frontières du Canada; elle a été traduite en plus de quinze langues. On a rarement exprimé en termes si éloquents son thème de paix, d'égalité, et de fraternité. Il attend impatiemment le temps des colombes et du gui, quand les roses pousseront sur les tombes des soldats et dans les canons des fusils.

Jean-Pierre Ferland is one of the most popular of Quebec's younger chansonniers, and this song has won him fame far beyond Canada's borders — it has been translated into over fifteen languages. Seldom has its theme of peace, equality, and brotherhood been more eloquently expressed. He longs for the season of doves and of mistletoe, when roses will grow over the graves of soldiers and in the barrels of the guns.

Les Noces d'or

Jean-Pierre Ferland   Jean-Pierre Ferland

Je te crois et pour-tant___ Je n'au-rais ja-mais cru___

Au temps d'an-ni-ver-sai - re___ En si peu de sai-sons;___

De-puis dé - jà long-temps___ Je ne les comp-te plus___

De la mê - me ma-niè - re,___ De la mê - me fa - çon___

A-vec le temps qui court De-puis que je sais que tu m'ai - mes___

Je comp-te tout par jour,___ Par nuit et par se - mai - ne.___

Je ne t'em-bras-se plus,___ Je ne prends plus le temps___

De te di - re je t'ai - me___ Au-tant et mieux qu'a-vant.___

Mais tu n'as rien per - du___ Dans l'âge et dans le temps;___

Au fin - fond de moi - mê - me___ Je res - te ton a - mant.___

Si les gestes ont chan-gé, Le goût res - te le mê - me___

A - près le cin - quan-tiè - me Comm' a - vant le pre - mier.___

Der-nier bout de ma vie,___ Ma seule et ma der -niè - re, ___

Bon an - ni - ver - sai - re___ Mon a - mour, mon a - mie.___

Voici une chanson d'amour de Ferland qu'un homme pourrait chanter à son épouse le jour de leur cinquantième anniversaire de mariage, l'assurant qu'il ne l'aime pas moins qu'il l'aimait quand ils étaient jeunes, mais que son amour s'est intensifié avec les années.

Here Ferland has written a love song that a man might sing to his wife on their golden wedding anniversary — an assurance that he loves her no less than when they were young, that his love has merely deepened with the years.

La Fête

Pierre Calvé

Pierre Calvé

Ce soir c'est la fê - te, Le temps d'ou - bli - er,

Tout ce qui m'em - bê - te___ J'en fais cho - se du pas - sé.

Y'a cel - le que j'ai - me Con - tre moi ser - rée,

Ma - rins, ca - pi - tai - nes, Qui me font chan - ter,

Chan - ter mes es - ca - les A - près le long cours

1.-2. Pour que je dé - bal - le___ Mes sou - tes plei - nes d'a - mour.

3. Un ven - dre - di trei - ze En r'tard pour tra - vail - ler.

2. Allons sur la plage,
    Larguons le voilier
    Dans le blanc sillage
    Qu' la lune vient de tracer,
    Pour un long voyage
    D'aller sans retour
    Au pays des sages
    Vivre au jour le jour,
    Vivre sans bagages
    Sur les sables doux
    D'un amour sans âge
    Qui vient, on ne sait d'où.

3. Sans voir de nuages
    Nous avons été
    Pris en remorquage
    Par les vents alizés.
    Terre, on voit une île,
    Un vrai paradis,
    Allez, mouillez l'ancre,
    On débarque ici.
    Ce n'était qu'un rêve,
    Je m'suis éveillé.
    Un vendredi treize
    En r'tard pour travailler.

Pierre Calvé a grandi dans le port de mer qu'est Montréal et, à l'âge de seize ans, il s'est embarqué sur un navire marchand avec sa guitare. Il a composé de nombreuses chansons durant ses années en mer. Revenu en 1961, il a commencé à les chanter. Son premier disque comprend des chansons composées au clair de lune sur le pont d'un navire comme celle-ci, par exemple, qui décrit le rêve d'une vacance idéale d'un marin: se rendre dans un pays, gouverné par des sages, où il pourrait vivre sans bagages tout en jouissant d'un amour éternel.

Pierre Calvé grew up in the seaport city of Montreal and boarded a merchant ship with his guitar at sixteen. During his years at sea he composed many songs, and in 1961 he came ashore and began to sing them. His first record included songs written on moonlit nights on the ship's bridge — like this one describing a sailor's dream of an ideal holiday: to travel to a country ruled by wise men, where he could live without baggage enjoying an ageless love.

Quand les bateaux s'en vont

Gilles Vigneault

Pierre Calvé

Tempo di valse lento

Quand les ba-teaux s'en vont___ Je suis tou - jours au quai,___

Mais ja - mais je ne pars___ Et ja - mais je ne res - te.

Je ne dis plus les mots, ___ Je ne fais plus les gestes___

Qui hâ - tent les dé - parts___ Ou les font re - tar- der.___

REFRAIN

Je ne suis plus de l'é - qui-page Mais pas - sa - ger;___

Il faut bien plus que des ba-gages Pour voy - a - ger.___

2. Quand les bateaux s'en vont
   Je reste le dernier
   A jeter immobile
   Une dernière amarre,
   A regarder dans l'eau,
   Qui s'agite et répare,
   La place qu'ils prenaient
   Et qu'il faut oublier.
   Refrain

3. Quand les bateaux s'en vont
   Je refais à rebours
   Les départs mal vécus
   Et les mornes escales;
   Mais on ne refait pas
   De l'ordre au fond des cales
   Quand le bateau chargé
   Établit son parcours.
   Refrain

4. Quand les bateaux s'en vont
   Je suis silencieux,
   Mais je vois des haut-fonds
   Dans le ciment des villes,
   Et j'ai le pied marin
   Dans ma course inutile
   Sous les astres carrés
   Qui me crèvent les yeux.
   Refrain et Coda

CODA

La la la la la la___ Quand les ba-teaux s'en vont___

La la la la la la___ Je res - te sur le quai.___

Gilles Vigneault, très impressionné par le talent de Calvé, a commencé à colla-borer avec lui en composant des paroles sur la musique de Calvé. Cette chanson a été leur première collaboration et a obtenu un succès instantané. Ici, un marin qui ne va plus à la mer regarde partir les bateaux et essaie de s'habituer aux rues de la ville.

Gilles Vigneault was impressed with Calvé's talents and began to collaborate with him, writing lyrics which Calvé set to music. This song, the first result of their partnership, was an immediate success. Here a sailor who no longer goes to sea watches as the ships embark, and tries to become accustomed to city streets.

La Manic

Georges Dor

Georges Dor

Alla tango

Si tu sa - vais comm' on s'en - nuie____ A la Ma - nic,

Tu m'é - cri - rais bien plus sou - vent____ A la Ma -

ni - coua - gan. Par - fois je pense à toi si

fort, Je re - crée ton âme et ton corps, Je te re - garde et m'é - mer -

veille. Je me pro - longe en toi, Com-me le fleu - ve dans la

mer, Et la fleur dans l'a - beille.____

2. Que deviennent quand j'suis pas là
    Mon bel amour
  Ton front doux comme fine soie
    Et tes yeux de velours?
  Te tournes-tu vers la Côte Nord
    Pour voir un peu, pour voir encore
  Ma main qui te fait signe d'attendre?
    Soir et matin je tends les bras,
  Je te rejoins où que tu sois
    Et je te garde.

3. Dis-moi c'qui s'passe à Trois-Rivières
   Et à Québec,
   Là où la vie a tant à faire
   Et tout ce qu'on fait avec.
   Dis-moi c'qui s'passe à Montréal
     Dans les rues sales et transversales
   Où tu es toujours la plus belle,
     Car la laideur ne t'atteint pas,
   Toi que j'aimerai jusqu'au trépas,
     Mon éternelle.

4. Nous autres on fait les fanfarons
     A coeur de jour,
   Mais on est tous des bons larrons
     Cloués à leurs amours.
   Y'en a qui jouent de la guitare,
     D'autres qui jouent de l'accordéon
   Pour passer le temps quand y est trop long
     Mais moi je joue de mes amours
   Et je danse en disant ton nom
     Tellement je t'aime.

5. Si tu savais comme on s'ennuie
     A la Manic,
   Tu m'écrirais bien plus souvent
     A la Manicouagan.
   Si t'as pas grand'chose à me dire,
     Écris cent fois les mots "je t'aime".
   Ça fera le plus beau des poèmes;
     Je le lirai cent fois,
   Cent fois, cent fois, c'est pas beaucoup
     Pour ceux qui s'aiment.

Georges Dor était un des réalisateurs de Radio-Canada à Montréal lorsqu'il a publié plusieurs recueils de poèmes. Il a décidé ensuite de mettre ses poèmes en musique et a tourné son premier disque en 1967. Ce disque comprend sa chanson la mieux connue, "La Manic", qui décrit, sous forme de lettre d'amour, la solitude d'un ouvrier de construction sur le chantier de l'énorme barrage hydro-électrique installé sur la rivière Manicouagan dans le nord de Québec.

Georges Dor was working as a CBC producer in Montreal when he published several books of poetry. Then he began setting his poems to music, and made his first record in 1967. It included his best-known song, "La Manic", which describes the loneliness of a construction worker at the huge hydro-electric dam complex on the Manicouagan River in northern Quebec, written in the form of a love letter.

La Boîte à chansons

Georges Dor   Georges Dor

U - ne boîte à chan - sons, C'est comme u - ne mai -

son; C'est comme un co - quil - la - ge. On y en - tend la

mer; On y en - tend le vent Ve - nu du fond des â - ges.

On y en - tend bat - tre les cœurs à l'u - nis - son,

Et l'on en - voie toutes les cou - leurs de nos chan -

sons. On y en - tend bat - tre les cœurs à l'u - nis -

son Et l'on en - voie toutes les cou - leurs de nos chan - sons.

N.B. Pour le 3ᵉ couplet: On peut monter
d'un demi-ton et prendre le rythme suivant:

*For the 3rd verse: You can move up a
semitone and follow this rhythm:*

etc.

leur,_____   moi, mon re - frain._____

2. Un mot parmi les hommes
   Comme un grand feu de joie,
   Un vieux mot qui résonne,
   Un mot qui dirait tout
   Et qui ferait surtout
   Que la vie nous soit bonne.
   C'est ce vieux mot que je m'en vais chercher pour toi,
   Un mot de passe qui nous ferait trouver la joie.
   C'est ce vieux mot que je m'en vais chercher pour toi,
   Un mot de passe qui nous ferait trouver la joie.

3. Irai-je jusqu'à vous,
   Viendrez-vous jusqu'à moi
   En ce lieu de rencontre,
   Là où nous sommes tous
   Jouant chacun pour soi
   Le jeu du pour ou contre?
   Tu entendras battre mon coeur et moi le tien,
   Si tu me donnes ta chaleur, moi, mon refrain.
   Tu entendras battre mon coeur et moi le tien,
   Si tu me donnes ta chaleur, moi, mon refrain.

En 1959, Gilles Mathieu a ouvert un petit restaurant, "La Butte à Mathieu", à Val-David, dans les Laurentides où, le samedi soir, les jeunes chanteurs venaient présenter leurs chansons. Bientôt, des boîtes à chansons de ce genre ont ouvert leurs portes en d'autres endroits et ont contribué à la rapide ascension du mouvement des chansonniers. Ici, Georges Dor rend hommage à l'inspiration fournie par ces clubs.

In 1959 Gilles Mathieu opened a small restaurant, "La Butte à Mathieu", in Val-David in the Laurentians, and young singers began to come there on Saturday nights to try out their songs. Soon similar "boîtes à chansons" — song clubs — opened in other centres, and they fanned the fast-growing chansonnier movement. Here Georges Dor pays tribute to the inspiration of these clubs.

Un jour, un jour
(Hey Friend, Say Friend)

Stéphane Venne
Marcel Stelman (Hey Friend, Say Friend)
Stéphane Venne

REFRAIN

Un jour, un jour Quand tu vien - dras Nous t'en fer-ons voir
Hey friend, say friend, Come on o - ver. How d'ya like to see

De grands es - pa - ces. Un jour, un jour Quand tu vien - dras
Wide o - pen spa - ces? Hey friend, say friend, Come on o - ver.

Pour toi nous re - tien - drons Le temps qui pas - se.
Loo-kin' for hap - pi - ness? This is the pla - ce.

Nous te fe -rons la— fê - te Sur une île in - ven - tée
If you hold on to — my hand, You'll step in - to a — dream

Sor - tie de no - tre — tê - te Toute aux cou-leurs de l'é - té.—
On to a ma-gic — is - land Like a pain - ted sum-mer scene.

2. Un jour, un jour
   Quand tu viendras
   Nous t'en ferons voir
   De grands espaces.
   Un jour, un jour
   Quand tu viendras
   Pour toi nous retiendrons
   Le temps qui passe.
   Dans ce pays de fable,
   Entre deux océans
   On fait à chaque table
   Une place qui t'attend.

2. *Hey friend, say friend,*
   Come on over.
   How d'ya like to see
   Wide open spaces?
   Hey friend, say friend,
   Come on over.
   Lookin' for happiness?
   This is the place.
   Though oceans may surround us,
   Don't be afraid to roam;
   We want you all around us;
   We want you to feel at home.

3. Un jour, un jour
   Quand tu viendras
   Nous t'en ferons voir
   De grands espaces.
   Un jour, un jour
   Quand tu viendras
   Pour toi nous retiendrons
   Le temps qui passe.
   Déjà la terre est verte
   Et la brise sent bon.
   Nos portes sont ouvertes
   Pour ceux qui arriveront.
                         Coda

3. *Hey friend, say friend,*
   Come on over.
   How d'ya like to see
   Wide open spaces?
   Hey friend, say friend,
   Come on over.
   Lookin' for happiness?
   This is the place.
   Our doors are thrown wide open,
   And all the grass is green.
   Now all of us are hopin'
   You'll be here to make the scene.
                         Coda

CODA

Un jour, un jour Ne tar-de pas. Un jour, un jour
Hey friend, say friend, Don't wait too long. Hey friend, say friend,

Nous se-rons là, Un jour, un jour Quand___ tu vien-dras.
Just come a-long Hey friend, say friend, Just___come a-long.

Stéphane Venne a étudié la musique dans sa jeunesse et a obtenu un diplôme en littérature de l'Université de Montréal. Il était donc bien préparé pour sa carrière de chansonnier. Il avait tourné des disques et composé des partitions musicales pour films avant de gagner le premier prix du concours international organisé par les autorités de l'Exposition Universelle qui désiraient une chanson-thème pour Expo 67.

Stéphane Venne studied music as a child and took a degree in literature at the University of Montreal. Thus he was well equipped to become a song-writer. He had made records and written music for films before he won first prize in the international contest sponsored by the World's Fair authorities to find a theme song for Expo 67.

Something to Sing About

Oscar Brand

Oscar Brand

Moderato

I have walked 'cross the sand on the Grand Banks of
New - found-land, Lazed on the ridge of the Mi - ra - mi -
chi. Seen the waves tear and roar at the stone coast of
Lab - ra - dor, Watched them roll back to the great north - ern sea.

REFRAIN

From the Van - cou - ver Is - land to the Al - ber - ta
High-land, 'Cross the prai - rie, the Lakes to On - ta - ri - o's
towers. From the sound of Mount Roy - al's chimes out to the
Mar - i - times, Some-thing to sing a - bout, this land of ours.

2. I have welcomed the dawn from the fields of Saskatchewan,
Followed the sun to the Vancouver shore.
Watched it climb shiny new up the snow peaks of Cariboo,
Up to the clouds where the wild Rockies soar.
Refrain

3. I have heard the wild wind sing the places that I have been,
Bay Bulls and Red Deer and Strait of Belle Isle.
Names like Grand'Mère and Silverthrone, Moose Jaw and Marrowbone,
Trails of the pioneer, named with a smile.
Refrain

4. I have wandered my way to the wild wood of Hudson Bay,
Treated my toes to Quebec's morning dew.
Where the sweet summer breeze kissed the leaves of the maple trees,
Sharing this song that I'm singing to you.
Refrain

5. Yes, there's something to sing about, tune up a string about,
Call out in chorus or quietly hum
Of a land that's still young with a ballad that's still unsung
Telling the promise of great things to come.
Refrain

Oscar Brand, one of America's best known folksingers and composers, was born in Winnipeg and still has a fond feeling for Canada. He caught the flavour of our broad land in this song, which he wrote for a Bell Canada television special in 1963. Since then it has been used on many other television programs and has become one of English-speaking Canada's most popular patriotic songs.

Oscar Brand, un des chanteurs folkloriques et compositeurs les mieux connus en Amérique, est né à Winnipeg et conserve un point faible pour le Canada. Il a réussi à découvrir l'âme de notre grand pays dans cette chanson composée pour une émission spéciale télévisée en 1963 pour le compte de Bell Canada. Depuis, cette chanson a été entendue maintes fois à la télévision et est devenue un des chants patriotiques les plus populaires du Canada anglophone.

Snowbird

Gene MacLellan

Gene MacLellan

1. Be - neath this snow - y man - tle cold and clean the un - born grass lies wait - ing for its coat to turn to green. The Snow-bird sings the song he al - ways sings and speaks to me of flow - ers that will bloom a - gain in spring.

2. When I was young my heart was young then too an - y - thing that it would tell me that's the thing that I would do. But now I feel such emp - ti - ness with - in for the thing I want the most of life is the thing that I can't win.

3. Spread your ti - ny wings and fly a - way and take the snow back with you where it came from on that day. The one I love for - ev - er is un - true and

if I could you know that I would fly a-way with you._____

4. The breeze a-long the ri-ver seems to say_____ that he'll on-

_____ ly break my heart a-gain should I de-cide to stay._____

So lit-tle Snow-bird take me with you when you go_____ to that

land of gen-tle breeze-es where the peace-ful wat-ers

flow._____ Yeah_____ If I could you know that I would

fly_____ a-way with you._____

Gene MacLellan, who was born in Val-d'Or, grew up in Toronto, and then settled in Prince Edward Island, has become one of the continent's most popular songwriters. He got his start on the CBC's Halifax show, "Singalong Jubilee", along with Anne Murray, and it was Anne's recording of "Snowbird" that rocketed it to the top of the hit parade. Since then dozens of American and Canadian singers have recorded it, as well as Gene's other big hit, "Put Your Hand in the Hand".

Natif de Val-d'Or, Gene MacLellan a grandi à Toronto et s'est installé à l'Île du Prince-Édouard, où il est devenu l'un des compositeurs de chansons les plus populaires du continent. Il a fait ses débuts, en compagnie d'Anne Murray, à l'émission "Singalong Jubilee", diffusée sur les ondes de Radio-Canada à Halifax. L'interprétation sur disque d'Anne Murray a fait grimper "Snowbird" au sommet du palmarès de la chanson. Depuis, des douzaines d'interprètes américains et canadiens ont enregistré cette chanson, de même que l'autre grand succès de Gene: "Put Your Hand in the Hand".

The Universal Soldier

Capo - 2nd Position
Chords in Key of C
Capo - 2ᵉ position
Accords en ton de do

Buffy Sainte-Marie   Buffy Sainte-Marie

Moderato

2. He's a Catholic, a Hindu, an atheist, a Jain,
   A Buddhist and a Baptist and a Jew,
   And he knows he shouldn't kill and he knows he always will
   Kill you for me, my friend, and me for you.

3. And he's fighting for Canada, he's fighting for France,
   He's fighting for the U.S.A.,
   And he's fighting for the Russians and he's fighting for Japan,
   And he thinks we'll put an end to war that way.

4. And he's fighting for democracy, he's fighting for the Reds,
   He says it's for the peace of all.
   He's the one who must decide who's to live and who's to die,
   And he never sees the writing on the wall.

5. But without him how could Hitler have condemned him at Dachau?
   Without him Caesar would have stood alone.
   He's the one who gives his body as a weapon of the war,
   And without him all this killing can't go on.

6. He's the Universal Soldier and he really is to blame,
   His orders come from far away no more;
   They come from him and you and me and, brothers, can't you see
   This is not the way we put an end to war?

The popular young Indian singer, Buffy Sainte-Marie, was born in Canada although she now lives in the United States. In 1963 when she was appearing at the Riverboat in Toronto, Parliament was debating whether Canada should accept nuclear warheads from the United States. It was then that she composed her protest against the insanity of war.

La jeune chanteuse populaire indienne, Buffy Sainte-Marie, est née au Canada bien qu'elle soit actuellement aux États-Unis. Elle chantait au cabaret Riverboat à Toronto en 1963, alors qu'on se demandait au Parlement si le Canada devait accepter des engins nucléaires des États-Unis. C'est alors qu'elle a composé sa chanson de protestation contre la folie de la guerre.

Four Strong Winds

Ian Tyson   Ian Tyson

Ian Tyson grew up in western Canada, where he worked in rodeos. He and Sylvia Fricker, another folksinger with whom he formed a team and who later became his wife, were the first English Canadians to win wide recognition in their field. Ian's first hit, written in 1963, was inspired by Canada's many seasonal workers. He has described it as "a combination love ballad and winter weather report".

Ian Tyson, qui a grandi dans l'Ouest canadien où il a participé à des rodéos, a été le premier chanteur folklorique canadien-anglais à être reconnu après s'être joint à Sylvia Fricker qui allait, éventuellement, devenir son épouse. Son premier succès, composé en 1963, a été inspiré par les nombreux Canadiens employés aux travaux saisonniers. Il le décrit comme étant un "mélange de romance et de bulletin météorologique sur l'hiver".

Four Rode By

Ian Tyson   Ian Tyson

Allegro

Four rode by, Rode through here, Three McLean boys And that wild Alex Hare. Willie Palmer's stallion was no twenty dollar cayuse And when the wild bunch stole him He hightailed it into town. Usher, in those days, was keeping order in the district, But before he'd ridden thirty miles, The McLean boys shot him down.

They were armed, It was them And I'd have known them anywhere. All were armed,...

2. Four rode by,
    Rode through here,
    Three McLean boys
    And that wild Alex Hare.
A shepherd, known as Kelly,
    Saw the wild bunch as they passed,
They shot him with a rifle
    And they took his watch and chain,
And when the posse found them there
    In the lonely cabin
A hunger took their fight away
    And no one else was slain.

3. Four rode by,
   Rode through here,
   Three McLean boys
   And that wild Alex Hare.
   They hung the boys in January,
   Eighteen eighty-one,
   The first time in that province
   That they'd strung up brothers three;
   And the son killed eighteen Germans,
   Across the seas back in 'seventeen,
   One thing, that's for damn sure,
   They're a wild old family.

Coda

CODA

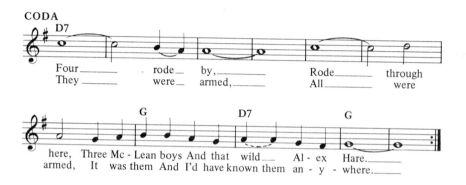

Four_____ . rode__ by,_____ Rode_____ through
They _____ were__ armed,_____ All_____ were

here, Three Mc-Lean boys And that wild__ Al-ex Hare.____
armed, It was them And I'd have known them an-y-where.____

The Canadian West was never as wild as the American West, but we did have our outlaws too, and this ballad tells of one notorious gang. In 1879 the "Wild McLeans" — three brothers and a cousin — ran amok and terrorized the fur traders and trappers of British Columbia. A posse finally captured them after a desperate chase, but not before they had killed several men.

L'Ouest canadien n'a jamais été aussi violent que l'Ouest américain, mais nous avons eu aussi nos hors-la-loi. Cette ballade rappelle l'histoire d'une bande notoire. En 1879, les "Wild McLeans", trois frères et un cousin, firent les cent coups et répandirent la terreur chez les négociants de fourrures et les trappeurs de la Colombie-Britannique. Un détachement d'agents de police réussit à les capturer à la suite d'une chasse effrénée, mais pas avant qu'ils aient tué plusieurs personnes.

Song for Canada

Ian Tyson and Pete Gzowski

Ian Tyson and Pete Gzowski

Moderato

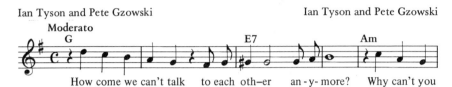

How come we can't talk to each oth—er an-y-more? Why can't you

see I'm chang-ing too? ____ We've got by far too long to

end it feel-ing wrong And I still share too much with you. ____

REFRAIN

Just one great riv-er al-ways flow-ing to the sea, One sin-gle

riv-er roll-ing in e-ter-ni-ty; Two na-tions in the land that

lies a-long each shore, But just one riv-er roll-ing free. ____

2. How come you shut me up
As if I wasn't there?
What's this new bitterness you've found?
However wronged you were,
However strong it hurt,
It wasn't me that hurled you down.

Refrain

3. Why can't you understand?
   I'm glad you're standing proud;
   I know you made it on your own,
   But in this pride you earned,
   I thought you might have learned
   That you don't have to stand alone.

Last Refrain
   Lonely northern rivers
   Come together till you see
   One single river rolling in eternity;
   Two nations in the land
   That lies along each shore
   But just one river, you and me.

Folksinger Ian Tyson and journalist Peter Gzowski teamed up to produce this song as an appeal from English Canadians to French Canadians. It is an effort to bridge the gap between our two peoples: to say that we have too much in common to go our separate ways.

Le chanteur folklorique Ian Tyson et le journaliste Peter Gzowski ont collaboré pour produire cette chanson qui est une sorte d'appel aux Canadiens-français de la part des Canadiens-anglais. C'est un effort en vue de combler le vide entre nos deux nations, ajoutant que nous avons trop de choses en commun pour nous séparer les uns des autres.

Early Mornin' Rain

Gordon Lightfoot   Gordon Lightfoot

In the ear-ly morn-in' rain ____ With a dol-lar in __ my hand, ____ With an ach-in' in my heart ____ And my pock-ets full of sand, ____ I'm a long way from home, ____ And I miss my loved ones so. ____ In the ear-ly morn-in' rain, ____ With no place to go. ____

2. Out on runway number nine
   Big seven-o-seven set to go,
   But I'm stuck here in the grass
   Where the cold wind blows.
   Now the liquor tasted good,
   And the women all were fast,
   Well, there she goes, my friend,
   She's rollin' now at last.

3. Hear the mighty engines roar,
   See the silver bird on high,
   She's away and westward bound,
   Far above the clouds she'll fly,
   Where the mornin' rain don't fall,
   And the sun always shines,
   She'll be flyin' o'er my home
   In about three hours' time.

4. This old airport's got me down,
   It's no earthly good to me,
   'Cause I'm stuck here on the ground
   As cold and drunk as I can be.
   You can't jump a jet plane
   Like you can a freight train,
   So I'd best be on my way
   In the early mornin' rain.

Gordon Lightfoot, who grew up in Orillia, has become English Canada's most famous singer-composer. His first big hit, written in 1964, has been recorded by almost every prominent American folksinger. It is in the tradition of many older songs about rambling men, brought up to date by its airport setting. Gordon notes that despite vast strides in transportation, "there will always be someone in desperate need, a lonely soul far from home."

Gordon Lightfoot a passé sa jeunesse à Orillia avant de devenir le plus célèbre chansonnier du Canada anglais. Son premier grand succès, composé en 1964, a été enregistré par presque tous les principaux chanteurs folkloriques améri-cains. Cette oeuvre suit la tradition de plusieurs vieilles chansons au sujet des hommes qui errent à l'aventure mais, placée dans le décor d'un aéroport, elle devient contemporaine. Gordon constate que malgré le vaste essor de l'industrie du transport, "il y aura toujours quelqu'un désespérément dans le besoin, une âme seule loin de son foyer."

Ribbon of Darkness

Gordon Lightfoot

Gordon Lightfoot

love and I did lie, _____ Now she is gone from the
see no one but you, _____ Lord, I wish I could be

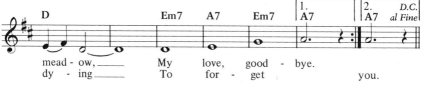

mead - ow, _____ My love, good - bye.
dy - ing _____ To for - get you.

Another popular song in the "country-and-Lightfoot" style, this is typical of the large group of laments in which a deserted lover expresses his grief and loneliness. Marty Robbins' recording of it was on the country-and-western hit parade for seven months in 1965, and it won the year's ASCAP writer-publisher award.

Une autre chanson populaire dans le st le "de la campagne et de Lightfoot", bien typique des nombreuses complaintes rappelant un amant délaissé qui exprime sa peine et sa solitude. L'enregistrement qu'en a fait Marty Robbins est demeuré au palmarès de la chanson dite "western" pendant sept mois en 1965 et a remporté le prix ASCAP pour les auteurs et éditeurs de l'année.

Did She Mention My Name?

Gordon Lightfoot

Gordon Lightfoot

It's so nice to meet an old friend And pass the time of day, And talk a-bout the home-town A mil-lion miles a-way. Is the ice still in the riv-er? Are the old folks still the same? And by the way, did she men-tion my name? Did she men-tion my name just in pass-ing? And look-ing at the rain Do you re-mem-ber if she dropped a name or two? Is the home team still on fire? Do they still win all the games? And by the way, did she men-tion my name? name?

2. Is the landlord still a loser?
   Do his signs hang in the hall?
   Are the young girls still as pretty
   In the city in the fall?
   Does the laughter on their faces
   Still put the sun to shame?
   And by the way, did she mention my name?
   Did she mention my name just in passing?
   And when the talk ran high
   Did the look in her eye seem far away?
   Is the old roof still leaking
   When the late snow turns to rain?
   And by the way, did she mention my name?

3. Did she mention my name just in passing?
   And looking at the rain
   Do you remember if she dropped a name or two?
   Won't you say hello from someone?
   There'll be no need to explain.
   And by the way, did she mention my name?

CODA

men - tion my name?

This more recent Lightfoot composition is not as well known as the other two, but it is a fine evocation of a small Canadian town. The questions a hometown boy would ask if he met an old friend years later alternate with his attempts to find out if his boyhood sweetheart still remembers him.

Cette composition plus récente de Lightfoot n'est pas aussi connue que les deux précédentes mais elle représente bien l'évocation d'un petit village canadien. Les questions qu'un jeune homme du village poserait plus tard, s'il rencontrait un vieil ami, alternent avec ses efforts pour découvrir si sa petite amie d'enfance se souvient encore de lui.

The Circle Game

Joni Mitchell   Joni Mitchell

Moderato

C   F   C

Yes - ter-day a child came out to wan - der,_____
Then the child moved ten times 'round the sea - sons,_____

F   G7   C

Caught a drag - on - fly in - side a jar,_____ Fear - ful when the
Ska - ted o - ver ten clear fro - zen streams. __ Words like "When you're

Dm   C   Em   F

sky was full of thun - der_____ And tear - ful at the
old - er" must ap - pease him_____ And prom - i - ses of

C   G7   **1.** C   **2.** C   **REFRAIN**

fall-ing of a star. _____ And the sea-sons they go
"Some-day" make his dreams. __

G7   C   G7   C

'round and 'round, Paint-ed po-nies they go up and down.

F   C

We're cap - tive on the car - ou - sel of time;_____ We

F   E   Em

can't re - turn, we can on - ly look Be - hind from where we

came and go 'round and 'round and 'round in the cir-cle game.____

2. Sixteen springs and sixteen summers gone now,
Cartwheels lost to carwheels through the town,
And you tell him "Take your time, it won't be long now
Till you drag your feet to slow the circle down."
So the boy who dreamed tomorrow now is twenty,
And his dreams have lost some grandeur coming true;
There'll be new dreams, maybe better dreams and plenty,
Before the fast revolving year is through.

Joni Mitchell was born in Fort Macleod, Alberta, grew up in Saskatoon, and began singing when she moved to Toronto. At the Mariposa Folk Festival in 1966 she introduced this song comparing life to a ride on a carousel, and it became her first big hit.

Joni Mitchell est née à Fort Macleod en Alberta, elle a grandi à Saskatoon et elle a commencé à chanter lorsqu'elle s'est installée à Toronto. Au festival folklorique de Mariposa, en 1966, elle a présenté cette chanson qui compare la vie à un tour de carrousel et qui a été son premier grand succès.

Both Sides, Now

Joni Mitchell

Joni Mitchell

Moderato

Bows and flows of an-gel hair, — And ice-cream cas-tles in the air, — And feath-er can-yons ev-'ry-where, —— I've looked at clouds that way. But now they on-ly block the sun, — They rain and snow on ev-'ry one. — So man-y things I would have done, —— But clouds got in my way. I've looked at clouds from both sides now, — From up and down and still some-how — It's cloud il-lu-sions

I re-call; I real-ly — don't know clouds — at — all. ____

2. Moons and Junes and ferris wheels,
   The dizzy dancing way you feel,
   As ev'ry fairy tale comes real,
   I've looked at love that way.
   But now it's just another show;
   You leave 'em laughing when you go.
   And if you care, don't let them know;
   Don't give yourself away.
   I've looked at love from both sides now,
   From give and take and still somehow
   It's love's illusions I recall;
   I really don't know love at all.

3. Tears and fears and feeling proud,
   To say "I love you" right out loud,
   Dreams and schemes and circus crowds,
   I've looked at life that way.
   But now old friends are acting strange;
   They shake their heads, they say I've changed.
   But something's lost, but something's gained,
   In living ev'ry day.
   I've looked at life from both sides now,
   From win and lose and still somehow
   It's life's illusions I recall;
   I really don't know life at all.

This song, sometimes known as "Clouds", has been recorded by singers as varied as Judy Collins and Frank Sinatra. Its beautifully symmetrical verses describing clouds, love, and life provide a fine example of Joni Mitchell's poetic style.

Cette chanson, connue parfois sous le titre de "Clouds", a été enregistrée par divers chanteurs dont Judy Collins et Frank Sinatra. Ses vers d'une magnifique symétrie présentent une description des nuages, de l'amour et de la vie, et offrent un bel exemple du style poétique de Joni Mitchell.

Night in the City

Joni Mitchell

Joni Mitchell

Light up, light up, Light up your la - zy blue eyes. ____

Moon's up, night's up, _ Tak - ing the town by sur - prise. Night time,

night time; Day left an hour a - go. ____ Ci - ty light time,

Must you get read - y so slow? __There are plac - es to come from And

plac - es to go. __ Night in the ci - ty Looks pret - ty to me, __

Night in the ci - ty looks fine. ____ Mus - ic comes spill - ing out

In - to the street, Col-ours go flash-ing in time.

2. Take off, take off,
    Take off your stay-at-home shoes.
   Break off, shake off,
    Chase off those stay-at-home blues.
   Stairway, stairway
    Down to the crowds in the street.
   They go their way,
    Looking for faces to greet,
   While we go on laughing
    With no one to meet.

Refrain

This evocation of the atmosphere of a city by night is not as well known as the two preceding songs, but in the words of one critic it "illuminates the magical vision with which Miss Mitchell views the world."

Cette évocation de l'atmosphère d'une nuit à la ville n'est pas aussi connue que les deux chansons précédentes mais, selon un critique, elle "illustre bien la façon magique qu'a Mlle Mitchell de voir le monde."

58

Capo - 3rd Position
Chords in Key of C
Capo - 3e position
Accords en ton de do

Leonard Cohen

Suzanne

Leonard Cohen

59

Leonard Cohen, who was born in Montreal and studied at McGill University, gained fame as a poet and novelist before he launched a third career as a singer. In 1967 he appeared at the Newport and Mariposa folk festivals where he sang this gentle, melancholy ballad about a half-mad girl, and many singers have since recorded it.

Leonard Cohen est né à Montréal, a étudié à l'université McGill et a fait sa renommée de poète et de romancier avant de s'embarquer dans une troisième carrière, celle de chanteur. En 1967, il s'est présenté aux festivals folkloriques de Newport et de Mariposa où il a chanté cette douce et mélancolique ballade au sujet d'une fille fofolle. Cette chanson a été enregistrée, par la suite, par plusieurs chanteurs.

Sisters of Mercy

Leonard Cohen

Leonard Cohen

Oh, the Sis-ters of Mer-cy They are not de-par-ted or gone; They were wai-ting for me When I thought that I just can't go on; And they brought me their com-fort And la-ter they brought me their song; O, I hope you run in-to them, You who've been trav'-ling so long.

2. Yes, you who must leave everything
   That you cannot control,
   It begins with your family
   But soon it comes round to your soul.
   Well, I've been where you're hanging;
   I think I can see how you're pinned.
   When you're not feeling holy
   Your loneliness says that you've sinned.

3. They lay down beside me;
I made my confession to them.
They touched both my eyes
And I touched the dew on their hem.
If your life is a leaf
That the seasons tear off and condemn,
They will bind you with love
That is graceful and green as a stem.

4. When I left they were sleeping;
I hope you run into them soon.
Don't turn on the lights,
You can read their address by the moon;
And you won't make me jealous
If I hear that they sweetened your night;
We weren't lovers like that
And besides it would still be all right.
We weren't lovers like that
And besides it would still be all right.

At the heart of Cohen's poetry is his search for something lasting in a world where old traditions have collapsed. These verses reflect the suffering of today's youth, yearning for comfort in their troubled odyssey.

Au coeur de la poésie de Cohen se trouve sa recherche de quelque chose de durable dans un monde où les vieilles traditions se sont affaissées. Ces vers reflètent la souffrance de la jeunesse d'aujourd'hui qui cherche à être réconfortée dans son odyssée tourmentée.

Canadian Pacific

Ray Griff   Ray Griff

I rode your o-cean lin-er to New-found-land, ___ where I
made a liv-ing in an i-ron mine. ___ When I got my fill, I
went to No-va Sco-tia, ___ and I fished the sal-ty wa-ters for a
time; ___ Pass-ing through Prince Ed-ward Is-land and New
Bruns-wick, ___ I could see the rocks and cliffs of sol-id
stone; ___ Lis-t'ning to the sea bulls call-ing to each
oth-er, ___ made me miss my dar-lin' and my dis-tant home.

REFRAIN

Ca-na-di-an Pa-ci-fic, ___ Car-ry me three thous-and
miles ___ Through the val-leys and the for-rests ___
To the sun-shine of her smile. ___ 'Cross the

63

plains and rug - ged moun- tains, _____ Keep this wan-d'ring boy from

harm. _____ Ca - na - di - an Pa - ci - fic, _____ Take me

1.-2. C7 3.

to my ba - by's arms. (2. The At -) arms.
(3. I could)

2. The Atlantic disappeared on the horizon
and Quebec lay waiting for me down the track;
For a while I drove a truck to keep from starving;
in Ontario I was a lumberjack;
Manitoba and Saskatchewan then followed,
where the wheat fields and the old Red River flows;
In the quiet hours, your whistle on the prairie
touched my heart and set my memories aglow.
Refrain

3. I could feel the nearness of her warm, soft kisses
when you rolled into Alberta, westward bound.
I worked on an oil rig to make some money
for a ticket to the sweetest girl around;
Pushing on past Lake Louise in all its splendour
where the trees and Rockies touch the sky above,
I got to British Columbia and heaven,
on your tracks I made it back to my true love.
Refrain

Like "Four Strong Winds", Ray Griff's song is inspired by Canada's transient
workers. He takes us on a cross-country trip, mentioning many occupations:
Newfoundland iron-workers, Nova Scotia fishermen, Ontario lumberjacks,
Saskatchewan farmers, and Alberta oil-workers — jobs that are linked by the
Canadian Pacific Railway which first bridged our vast land.

*Tout comme "Four Strong Winds", la chanson de Ray Griff a été inspirée par
les Canadiens employés aux travaux saisonniers ou de passage. Il nous trans-
porte d'un bout à l'autre du pays en mentionnant plusieurs métiers tels que celui
des ouvriers de l'acier de Terre-Neuve, des pêcheurs de la Nouvelle-Écosse,
des bûcherons de l'Ontario, des agriculteurs de la Saskatchewan, et des
ouvriers de l'industrie du pétrole de l'Alberta, métiers qui sont reliés par le
Canadien Pacifique qui a été le premier à établir une sorte de pont sur notre
immense territoire.*

II
Songs of Canada's Past
Chansons des anciens Canadiens

File la laine

Robert Marcy   Robert Marcy

Dans la chan - son de nos Pè - res, Mon - sieur

de Mal-borough est mort; Si c'é - tait un pau- vre hè - re, On n'en

di - rait rien en - cor: Mais la Dame à sa fe - nê - tre Pleu– rant

sur son tris - te sort, Dans mille ans, deux mill' peut - ê - tre, Se dé -

so - le - ra en - cor: Fi - le la lai - ne, Fi - le les

jours, Gar - de ma pei - ne, Et mon a - mour. Li - vre d'i - mage

Des rê - ves lourds, Ou - vre la page A l'é - ter - nel re - tour.

2. Hénins aux rubans de soie,
   Chanson bleue des Troubadours,
   Regret des festins de joie
   Ou fleur du joli tambour,
   Dans la grande cheminée
   S'éteint le feu de bonheur,
   Car la dame abandonnée
   Ne retrouvera son cœur.
   Refrain

3. Croisés des grandes batailles,
   Sachez vos lances manier,
   Ajustez cottes de mailles,
   Armures et boucliers.
   Si l'ennemi vous assaille,
   Gardez-vous de trépasser,
   Car derrière vos murailles
   On attend sans se lasser.
   Refrain

Cette chansonnette du compositeur français Robert Marcy tient du folklore français traditionnel. Le refrain, "File la laine", a été emprunté aux airs que les femmes chantaient lorsqu'elles travaillaient au rouet. "Malbrough s'en va-t-en guerre", chanson de marche bien connue, dans laquelle la femme du duc de Marlborough attend, de sa tour, des nouvelles de son mari parti en guerre, a sans doute inspiré les couplets de "File la laine".

This little song by the French composer Robert Marcy contains echoes of traditional French folk songs. The refrain "File la laine" — "spin the wool" — was borrowed from the songs that women used to sing as they sat at their spinning wheels. The verses were apparently inspired by the well-known marching song, "Malbrough s'en va-t-en guerre", which tells of the Duke of Marlborough's wife waiting in her tower for news of her husband's fate in battle.

Le Chant de l'alouette

Capo - 3ᵉ position
Accords en ton de la mineur

Capo - 3rd Position
Chords in Key of A minor

On m'en-voie au bois, C'est pour y cueil - lir, On m'en-voie au

bois, C'est pour y cueil - lir, Je n'ai pas cueil - li, j'ai cher -

REFRAIN

ché des nids. Au chant de l'a- lou- et - te, Je veil - le, je

dors, J'é - cou - te l'a- lou- ette, Et puis je m'en - dors.___

2. Je n'ai pas cueilli, j'ai cherché des nids, *(bis)*
   J'ai trouvé la caille, assis' sur son nid.
   Refrain

3. J'ai trouvé la caille, assis' sur son nid. *(bis)*
   Lui marchai sur l'aile et la lui rompis.
   Refrain

4. Lui marchai sur l'aile et la lui rompis. *(bis)*
   Elle me dit: Pucelle, retire-toi d'ici.
   Refrain

On retrouve l'alouette dans un grand nombre de chansons françaises dont la vieille chanson à répondre, "Alouette". Raoul Roy a recueilli cette chanson moins connue à Lévis, d'un vieux bûcheron qui l'avait appris vers 1910 dans un camp de bûcherons du Maine. Ainsi qu'on le trouve dans plusieurs autres chansons françaises, un oiseau doué du don de la parole est mis en vedette, une caille qui met en garde une jeune fille vierge en lui suggérant de partir; mais la jeune fille lui répond audacieusement qu'elle n'est pas vierge.

The lark turns up in a great many French songs, including the widely popular cumulative ditty "Alouette". Raoul Roy collected this less familiar song in Lévis from an old woodsman who had learned it in the Maine lumbercamps around 1910. Like several other French songs it features a talking bird — a quail — which warns a "maiden" to go away — but the girl boldly replies that she is not a maiden.

Le Coucou, mesdames

Ha! Bon - jour donc, ma - dame! Com - ment vous por - tez - vous? Je

m'y porte as - sez bien. Oh! Où m'as - soi - riez - vous?

REFRAIN

J'en- tends le cou - cou, mes - da - mes, Je prends garde à tout.____

2. Si votre mari arrive,
   Où me metteriez-vous?
   Ah! J'ai une belle grande cuve,
   Je vous mettrai en dessous.
   Refrain

3. Voilà le mari qu'arrive,
   Puis regardant partout.
   —Ah dis-moi donc, ma femme,
   Qu'est-ce qu'il y a donc là-dessous?
   Refrain

4. —Ah! C'est une poule qui couve,
   Depuis une quinzaine de jours.
   Si tu lèves la cuvette,
   Bien, nous perderons tout.
   Refrain

5. J' m' sacre bien de tout perdre,
   Faut que j' regarde en-dessous.
   Soulève la cuvette
   Et aperçoit Matou.
   Refrain

6. Ah! Bonjour donc, Matou!
Comment vous portez-vous?
—Je m'y porte assez bien.
J'voudrais bien me voir chez nous!
Refrain

7. Je me prends un petit bâton,
Puis j'vas reconduire Matou!
—Ça t'montrera mon drôle,
D'aller couver chez vous.
Refrain

8. Ça t'montrera mon drôle,
D'aller couver chez vous;
Tout homme qui couve ailleurs
S'expose à avoir des coups.
Refrain

En France, comme en Angleterre, le coucou représente l'infidélité conjugale, d'où l'expression "cocu". Cette chanson raconte une histoire commune à plusieurs pays. Un homme rend visite à la femme de son voisin mais son mari revient à l'improviste; la femme cache son visiteur sous un tonneau vide, mais le mari le découvre et le bat. Raoul Roy a obtenu cette version de Pierre Perrault, poète et cinéaste canadien-français.

In France as in England the cuckoo symbolizes marital infidelity — as witness the word "cuckold" — and this song tells a story common to many countries. A man is visiting his neighbour's wife when the husband returns unexpectedly; the wife hides her visitor under an empty wine cask, but the husband finds him and beats him up. Raoul Roy collected this version from the French-Canadian poet and film-maker, Pierre Perrault.

Mon Père y m'a marié

Mon père y m'a ma - ri - é. Hi - hein,

La - li - ret - te! Un' bonn' vieill' fille il m'a don -

née! Hi - hein - la, Hi - hein - la, Hi - hein,

Hi - hein, Hi - hein - la, Hi - hein - la - li - ret - te!

2. Un' bonn' vieill' fille il m'a donnée,
   Hi-hein, La-li-rette!
   Elle avait les yeux pochés!
   Hi-hein-la, Hi-hein-la,
   Hi-hein, Hi-hein, Hi-hein-la!
   Hi-hein-la-li-rette!

3. Elle avait les yeux pochés!
   Hi-hein, La-li-rette!
   Et les joues ratatinées!
   Hi-hein-la, Hi-hein-la,
   Hi-hein, Hi-hein, Hi-hein-la!
   Hi-hein-la-li-rette!

4. Et les joues ratatinées!
   Hi-hein, La-li-rette!
   Et un p'tit nez retroussé!
   Hi-hein-la, Hi-hein-la!
   Hi-hein, Hi-hein, Hi-hein-la!
   Hi-hein-la-li-rette!

5. Et un p'tit nez retroussé!
   Hi-hein, La-li-rette!
   Et la hanch' tout' démanchée!
   Hi-hein-la, Hi-hein-la,
   Hi-hein, Hi-hein, Hi-hein-la!
   Hi-hein-la-li-rette!

Les Français possèdent toute une gamme de "chansons de maumariées", c'est-à-dire de mariage malheureux. Ordinairement, c'est l'épouse qui se plaint de son mari qui est trop vieux, trop mesquin, ou trop paresseux; mais dans cette chanson amusante, c'est le mari qui se plaint parce que son père lui a fait marier une vieille fille aux yeux pochés, aux joues ratatinées, au nez retroussé, et à la hanche disloquée.

The French have a whole group of "chansons de maumariées" — songs of the unhappily married. Usually it is the wife who complains because her husband is too old or too mean or too lazy — but in this amusing ditty the husband complains because his father has married him to an old maid who has baggy eyes, shrivelled cheeks, a turned-up nose, and a hip out of joint.

74

En montant la rivière

C'est dans le mois de ___ mai, En mon - tant la ri -
viè - re, C'est dans le mois de ___ mai, Que
les fil - les sont bel - les. Que les fil - les sont
bell's, ô gai! Que les fil - les sont bel - les.

2. Et que tous les amants,
    En montant la rivière,
   Et que tous les amants
   Y chantent leurs maîtresses.
   Y chantent leurs maîtress's,
        ô gai!
   Y chantent leurs maîtresses.

3. Pour moi, je n' chang'rai pas,
    En montant la rivière,
   Pour moi, je n' chang'rai pas,
   Car la mienne est trop belle.
   Car la mienne est trop belle,
        ô gai!
   Car la mienne est trop belle.

4. Elle a de beaux yeux bleus,
    En montant la rivière,
   Elle a de beaux yeux bleus,
   Une bouche vermeille.
   Une bouche vermeille,
        ô gai!
   Une bouche vermeille.

5. Oh! qu'il me serait doux,
   En montant la rivière,
   Oh! qu'il me serait doux,
   Doux de vivre avec elle.
   Doux de vivre avec elle,
   ô gai!
   Doux de vivre avec elle.

6. Dans un petit logis,
   En montant la rivière,
   Dans un petit logis,
   Tout près d'une fontaine.
   Tout près d'une fontaine,
   ô gai!
   Tout près d'une fontaine.

7. Et où tous les matins,
   En montant la rivière,
   Et où tous les matins,
   La mariée se baigne.
   La mariée se baigne,
   ô gai!
   La mariée se baigne.

8. Ell' s'y est tant baignée,
   En montant la rivière,
   Ell' s'y est tant baignée,
   Qu'un jour elle se noye.
   Qu'un jour elle se noye,
   ô gai!
   Qu'un jour elle se noye.

9. Le libéra chanté,
   En montant la rivière,
   Le libéra chanté,
   Un cantiqu' de Marseille.
   Un cantiqu' de Marseille,
   ô gai!
   Un cantiqu' de Marseille.

En montant la rivière en canot, un jeune homme chante les atours de sa bien-aimée et rêve au jour où il pourra la retrouver au mois de mai. C'est une très belle chanson de voyageur, puisque son rythme s'accorde adroitement à chaque coup d'aviron. Chantée par les Acadiens, elle a été recueillie au Nouveau-Brunswick par les Pères Daniel et Anselme.

As he goes up the river in his canoe a young man sings of his sweetheart and of how eagerly he looks forward to rejoining her in the month of May. This is a very fine voyageur song, its rhythm fitting neatly to the sweep of the paddle. It was sung by the Acadians in New Brunswick, where it was collected by Fathers Daniel and Anselme.

En roulant ma boule

REFRAIN
Giocoso

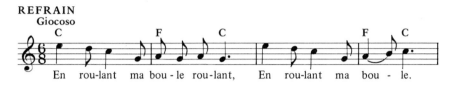

En rou-lant ma bou - le rou-lant, En rou-lant ma bou - le.

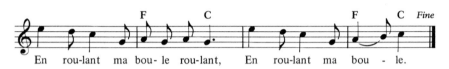

En rou-lant ma bou- le rou-lant, En rou-lant ma bou - le.

Der - rièr' chez nous, y'a-t'un é - tang, En rou-lant ma bou - le, Trois

D.C. al Fine

beaux ca-nards s'en vont bai-gnant, Rou-li, rou-lant, ma bou - le rou - lant.

2. Trois beaux canards s'en vont baignant,
   En roulant ma boule,
   Le fils du roi s'en va chassant,
   Rouli, roulant, ma boule roulant.
   Refrain

3. Le fils du roi s'en va chassant,
   Avec son grand fusil d'argent.
   Refrain

4. Avec son grand fusil d'argent,
   Visa le noir, tua le blanc.
   Refrain

5. Visa le noir, tua le blanc,
   O fils du roi, tu es méchant!
   Refrain

6. O fils du roi, tu es méchant!
   D'avoir tué mon canard blanc.
   Refrain

7. D'avoir tué mon canard blanc,
   Par dessous l'aile il perd son sang.
   Refrain

8. Par dessous l'aile il perd son sang,
   Par les yeux lui sort'nt des diamants.
   Refrain

9. Par les yeux lui sort'nt des diamants,
   Et par le bec l'or et l'argent.
   Refrain

10. Et par le bec l'or et l'argent,
    Toutes ses plum's s'en vont au vent.
    Refrain

11. Toutes ses plum's s'en vont au vent,
    Trois dam's s'en vont les ramassant.
    Refrain

12. Trois dam's s'en vont les ramassant,
    C'est pour en faire un lit de camp.
    Refrain

13. C'est pour en faire un lit de camp,
    Pour y coucher tous les passants.
    Refrain

Chose étonnante, l'histoire des "Trois beaux canards" et du fils du roi qui en tua un, a été si populaire au Canada français qu'il en existe plus de cent versions différentes. À l'origine, en France, c'était une chanson de jongleur du XVᵉ siècle, mais au Canada, elle est devenue la chanson préférée des voyageurs en canot. Elle possède plusieurs refrains différents.

Strangely enough, the tale of the "Three fine ducks" and the king's son who kills one of them was so popular in French Canada that it exists in over one hundred different versions. Originally it was a French jongleur song of the fifteenth century, but in Canada it became the voyageurs' favourite paddling song, with many different refrains.

C'est l'aviron

2. J'ai rencontré trois jolies demoiselles;
   J'ai rencontré trois jolies demoiselles;
   J'ai point choisi, mais j'ai pris la plus belle.
   Refrain

3. J'ai point choisi, mais j'ai pris la plus belle; *(bis)*
   J'l'y fis monter derrièr' moi, sur ma selle.
   Refrain

4. J'l'y fis monter derrièr' moi, sur ma selle; *(bis)*
   J'y fis cent lieues sans parler avec elle.
   Refrain

5. J'y fis cent lieues sans parler avec elle; *(bis)*
   Au bout d'cent lieues, ell' me d'mandit à boire.
   Refrain

6. Au bout d'cent lieues, ell' me d'mandit à boire; *(bis)*
Je l'ai menée auprès d'une fontaine.
Refrain

7. Je l'ai menée auprès d'une fontaine; *(bis)*
Quand ell' fut là, ell' ne voulut point boire.
Refrain

8. Quand ell' fut là, ell' ne voulut point boire; *(bis)*
Je l'ai menée au logis de son père.
Refrain

9. Je l'ai menée au logis de son père; *(bis)*
Quand ell' fut là, ell' buvait à pleins verres.
Refrain

10. Quand ell' fut là, ell' buvait à pleins verres; *(bis)*
A la santé de son père et sa mère.
Refrain

11. A la santé de son père et sa mère; *(bis)*
A la santé de ses sœurs et ses frères.
Refrain

12. A la santé de ses sœurs et ses frères; *(bis)*
A la santé d'celui que son cœur aime.
Refrain

Voici encore une autre chanson du moyen âge qui est venue de la France au Canada et à qui les voyageurs qui la chantaient en avironnant sur nos nombreuses rivières ont donné un nouveau refrain. C'est le récit d'un homme qui, s'en revenant à cheval sur la route de La Rochelle, rencontre trois jolies demoiselles et en fait monter une sur sa selle. Cela rappelle tout à fait le style français, d'autant plus que le second vers de chaque couplet se renouvelle au début du couplet suivant.

This is another medieval French song transplanted to Canada and given a new refrain by the voyageurs who sang it as they paddled down our many rivers. The story of a man riding along the road from Rochelle who meets three beautiful girls and takes one up behind him falls into a typical French pattern, with the second line of each verse repeated as the first line of the next.

Youpe! Youpe! sur la rivière!

Par un di-manche au soir m'en al-lant pro-me-
ner Et moi et puis Fran-çois, tous deux de com-pa-
gnée, Chez le bon-homm' Gau-thier _____ nous a-vons 'té veiller, Je vais vous ra-con-ter l'tour qui m'est ar-ri-
vé. You-pe! You-pe! sur la ri-viè-re,
Vous ne m'en-ten-dez guè-re, You-pe! You-pe! sur la ri-
viè-re, Vous ne m'en-ten-dez pas. _____

2. J'y allumai ma pipe comme c'était la façon,
   Disant quelques parol's aux gens de la maison.
   Je dis à Délima:"Me permettriez-vous
   De m'éloigner des autr's pour m'approcher de vous?"
   Refrain

3. "Ah! oui, vraiment," dit-elle, "avec un grand plaisir.
Tu es venu ce soir c'est seul'ment pour en rire;
Tu es trop infidèle pour me parler d'amour:
T'as la p'tit' Jérémie que tu aimes toujours."
Refrain

4. Revenons au bonhomme qu'est dans son lit, couché,
Criant à haute voix: "Lima, va te coucher!
Les gens de la campagne, des vill's et des faubourgs,
Retirez-vous d'ici, car il fait bientôt jour!"
Refrain

5. J' n'attends pas qu'on me l'dise pour la seconde fois,
Et je dis à François: "T'en viens-tu quand et moi?
Bonsoir, ma Délima, je file mon chemin!"
Je m'en allais nu-tête, mon chapeau à la main.
Refrain

La plupart des chansons de canotage du Canada français sont des adaptations de vieilles ballades françaises; mais celle-ci est une création du Nouveau Monde qui raconte une histoire bien typique du Québec rural. Un fils de fermier s'en va veiller chez une jeune fille, mais il se fait reprocher de ne pas être assez fidèle et est renvoyé par le père. Les bûcherons canadiens-français avaient l'habitude de la chanter vigoureusement en descendant la rivière au printemps.

Most of the French-Canadian paddling songs are adaptations of older French ballads, but this is a New World creation, telling a typical story of rural Quebec: a habitant lad goes to call on a girl, is reproached for being too fickle, and is sent away by her father. French-Canadian lumberjacks used to sing this lustily as they paddled down the river in the spring.

Les Raftsmen

2. Et par Bytown y sont passés,
   Et par Bytown y sont passés,
   Avec leurs provisions achetées.
   Refrain

3. En canots d'écorc' sont montés, *(bis)*
   Et du plaisir y s'sont donné.
   Refrain

4. Des "porc-and-beans" ils ont mangé *(bis)*
   Pour les estomacs restaurer.
   Refrain

5. Dans les chanquiers sont arrivés; *(bis)*
   Des manch's de hache ont fabriqué.
   Refrain

6. Que l'Outaouais fut étonné, *(bis)*
   Tant faisait d'bruit leur hach' trempée.
   Refrain

7. Quand le chanquier fut terminé *(bis)*
   Chacun chez eux sont retourné.
   Refrain

8. Leurs femm's ou blond's ont embrassé,*(bis)*
   Tous très contents de se r'trouver.
   Refrain

Les bûcherons canadiens-français aimaient bien chanter cette chanson pleine d'entrain au XIXe siècle. C'est le simple récit de leur montée dans les bois en canot, d'un hiver passé à la coupe du bois, et de leur retour au printemps pour dépenser le salaire de l'hiver. Ottawa s'appelait autrefois "Bytown" et la rivière Outaouais tire son nom de l'Indien.

This lively song was popular with French-Canadian woodsmen in the nineteenth century. It is a straightforward account of how they went up to the woods by canoe, spent the winter cutting timber, and came down in the spring to spend their winter's pay. "Bytown" was the original name for the city of Ottawa, and "Outaouais" was the Indian name for the Ottawa River.

Vive la Canadienne!

Vi - ve la Ca - na - dien - ne! Vo - le, mon cœur,

vo - le! Vi - ve la Ca - na - dien - ne Et

ses jo - lis yeux doux, Et ses jo - lis yeux

doux, doux, doux, Et ses jo - lis yeux doux. ____ doux. ____

2. Nous la menons aux noces,
 Vole, mon cœur, vole!
 Nous la menons aux noces
 Dans tous ses beaux atours,
 Dans tous ses beaux atours, 'tours, 'tours,
 Dans tous ses beaux atours.

3. On danse avec nos blondes,
 Vole, mon cœur, vole!
 On danse avec nos blondes;
 Nous changeons tour à tour,
 Nous changeons tour à tour, tour, tour,
 Nous changeons tour à tour.

4. Ainsi le temps se passe,
 Vole, mon cœur, vole!
 Ainsi le temps se passe:
 Il est vraiment bien doux!
 Il est vraiment bien doux, doux, doux,
 Il est vraiment bien doux!

Un chansonnier anonyme canadien-français a emprunté l'air d'une vieille chanson française, "Par derrière chez mon père", pour faire l'éloge de la jeune Canadienne. Tout le monde connaît le premier couplet, mais les autres varient selon les circonstances. Ernest Gagnon a publié cette version en 1865 dans son recueil de *Chansons Populaires du Canada français*.

An unknown French-Canadian songwriter borrowed the tune of an old French song, "Par derrière chez mon père", for these verses in praise of the Canadian girl. Everyone knows the first verse, but the rest of the song varies according to circumstances. Ernest Gagnon published this version in his pioneer collection of French-Canadian songs in 1865.

Le Bal chez Boulé

Di-manche, a - près les vêpr's, yau - ra bal chez Bou -

lé; Mais il n'i - ra per- sonn' que ceux qui sav'nt dan - ser.

REFRAIN

Vo - gue, ma - ri - nier, vo - gue, Vo - gue, beau ma - ri - nier.

2. Mais il n'ira personn' que ceux qui sav'nt danser.
   José Blais, comm' les autr's, voulut itou yaller.
   Refrain

3. José Blais, comm' les autr's, voulut itou yaller.
   —Non, lui dit sa maîtress', t'iras quand l'train s'ra fé.
   Refrain

4. Non, lui dit sa maîtress', t'iras quand l'train s'ra fé.
   Il s'en fut à l'établ' ses animaux soigner.
   Refrain

5. Il s'en fut à l'établ' ses animaux soigner;
   Prit Barrett' par la corne et Rougett' par le pied.
   Refrain

6. Prit Barrett' par la corne et Rougett' par le pied;
   Il saute à l'écuri' pour les chevaux gratter.
   Refrain

7. Il saute à l'écuri' pour les chevaux gratter;
   Se sauve à la maison quand ils fur'nt étrillés.
   Refrain

8. Se sauve à la maison quand ils fur'nt étrillés;
   Mit sa bell' veste rouge et son capot barré.
   Refrain

9. Mit sa bell' veste rouge et son capot barré;
   Mit son beau fichu noir et ses souliers francés.
   Refrain

10. Mit son beau fichu noir et ses souliers francés,
    S'en va chercher Lisett' quand il fut ben greyé.
    Refrain

11. S'en va chercher Lisett' quand il fut ben greyé,
    On le mit à la port' pour apprendre à danser.
    Refrain

12. On le mit à la port' pour apprendre à danser,
    Mais on garda Lisett', qui s'est ben consolée.
    Refrain

La plupart des chansons folkloriques canadiennes-françaises sont originaires de France, mais celle-ci, par contre, a été composée au début du siècle dernier dans un petit village le long du Saint-Laurent. En un style humoristique champêtre, l'auteur raconte comment un jeune homme de la campagne s'empresse de terminer son travail pour mettre son costume du dimanche et se rendre au bal chez un voisin. Le pauvre garçon s'est épris de Lisette, mais comme il ne fait que des faux pas, on le renvoie chez lui pour qu'il apprenne à danser.

Most French-Canadian folk-songs came originally from France, but this was composed in a St. Lawrence village early in the last century. With rustic humour it tells of a country lad who hurries through his chores and then dresses in his Sunday best to go to a neighbourhood party. The poor boy has set his heart on Lisette, but he stumbles over her feet and is sent home to learn how to dance.

Un Canadien errant

2. Un jour, triste et pensif, assis au bord des flots, *(bis)*
   Au courant fugitif il adressa ces mots: *(bis)*

3. "Si tu vois mon pays, mon pays malheureux, *(bis)*
   Va, dis à mes amis que je me souviens d'eux. *(bis)*

4. "O jours si pleins d'appas vous êtes disparus... *(bis)*
   Et ma patrie, hélas! Je ne la verrai plus! *(bis)*

5. "Non, mais en expirant, O mon cher Canada! *(bis)*
   Mon regard languissant vers toi se portera..." *(bis)*

Après l'échec de l'insurrection de 1837, plusieurs jeunes Canadiens-français qui avaient appuyé Louis Papineau ont dû s'enfuir du pays pour échapper à la punition. Certains se sont réfugiés aux États-Unis et un étudiant du nom de M.-A. Gérin-Lajoie a composé une chanson sur l'un d'eux, le faisant marcher le long d'une rivière qui coulait vers sa patrie et demandant à la rivière d'apporter ses voeux à ses amis.

When the rebellion of 1837 failed, many young French-Canadian supporters of Louis Papineau had to flee their country to escape punishment. Some took refuge in the United States, and a student named M.A. Gérin-Lajoie wrote a song about one of these young exiles, picturing him walking by the banks of a river that flows toward his homeland and asking the river to carry his greetings to his loved ones.

Chevaliers de la table ronde

2. J'en boirai cinq à six bouteilles, } bis
   Une femme sur les genoux,
   Une femme, oui, oui, oui,
   Une femme, non, non, non, } bis
   Une femme sur les genoux.

3. Si je meurs, je veux qu'on m'enterre } bis
   Dans la cave où y a du bon vin,
   Dans la cave, oui, oui, oui,
   Dans la cave, non, non, non, } bis
   Dans la cave où y a du bon vin.

4. Les deux pieds contre la muraille } *bis*
 Et la têt' sous le robinet,
 Et la têt', oui, oui, oui,
 Et la têt', non, non, non, } *bis*
 Et la têt' sous le robinet.

5. Et les quatre plus grands ivrognes
 Porteront les quatr' coins du drap, } *bis*
 Porteront, oui, oui, oui,
 Porteront, non, non, non, } *bis*
 Porteront les quatr' coins du drap.

6. Et si le tonneau se débonde,
 J'en boirai jusqu'à mon loisir, } *bis*
 J'en boirai, oui, oui, oui,
 J'en boirai, non, non, non, } *bis*
 J'en boirai jusqu'à mon loisir.

7. Et s'il en reste quelques gouttes, } *bis*
 Ce sera pour nous rafraîchir,
 Ce sera, oui, oui, oui,
 Ce sera, non, non, non, } *bis*
 Ce sera pour nous rafraîchir,

8. Sur ma tomb', je veux qu'on inscrive: } *bis*
 Ici gît le roi des buveurs,
 Ici gît, oui, oui, oui,
 Ici gît, non, non, non, } *bis*
 Ici gît le roi des buveurs.

Les Canadiens d'origine anglaise comme les Canadiens-français se complaisent à chanter cette vieille chanson à boire française. Bien qu'elle soit adressée aux "Chevaliers de la Table Ronde" elle est plutôt une ode à l'éloge du vin. Le chanteur veut se faire enterrer dans une cave à vin, la tête sous le robinet du tonneau de façon à boire le vin goutte à goutte.

Both English and French Canadians delight in singing this old French drinking song. Although addressed to "The Knights of the Round Table", it is really an ode in praise of wine. The singer wants to be buried in a wine cellar with his head under a barrel spout so he can lie there drinking it drop by drop.

Bonhomme! Bonhomme!

Capo - 3ᵉ position
Accords en ton de sol

Capo - 3rd Position
Chords in Key of G

2. Bonhomm', bonhomm', sais-tu jouer?
   Bonhomm', bonhomm', sais-tu jouer?
   Sais-tu jouer de cett' flôte-là?
   Sais-tu jouer de cett' flôte-là?
   Flôt, flôt, flôt de cett' flôte-là.
   Zing, zing, zing de ce violon-là.
   Refrain

3. Bonhomm', bonhomm', sais-tu jouer?
Bonhomm', bonhomm', sais-tu jouer?
Sais-tu jouer de ce tambour-là?
Sais-tu jouer de ce tambour-là?
Boum, boum, boum de ce tambour-là.
Flôt, flôt, flôt de cett' flôte-là.
Zing, zing, zing de ce violon-là.
Refrain

4. Bonhomm', bonhomm', sais-tu jouer?
Bonhomm', bonhomm', sais-tu jouer?
Sais-tu jouer de ce cornet-là?
Sais-tu jouer de ce cornet-là?
Ta-ta-ra de ce cornet-là.
Boum, boum, boum de ce tambour-là.
Flôt, flôt, flôt de cett' flôte-là.
Zing, zing, zing de ce violon-là.
Refrain

5. Bonhomm', bonhomm', sais-tu jouer?
Bonhomm', bonhomm', sais-tu jouer?
Sais-tu jouer de cett' bouteill'-là?
Sais-tu jouer de cett' bouteill'-là?
Glou, glou, glou de cett' bouteill'-là.
Ta-ta-ra de ce cornet-là.
Boum, boum, boum de ce tambour-là.
Flôt, flôt, flôt de cett' flôte-là.
Zing, zing, zing de ce violon-là.
Refrain

Cette chanson à répondre est presque aussi populaire au Canada que les deux suivantes: "Alouette" et "Old King Cole". Tout comme "J'ai perdu le do de ma clarinette", on y met en vedette des instruments de musique et chaque couplet répète tous les instruments déjà mentionnés, de sorte que le dernier couplet dit ceci: "Glou, glou, glou de cett' bouteill'-là; ta-ta-ra de ce cornet-là; boum, boum, boum de ce tambour-là; flôt', flôt', flôt' de cett' flôte-là; zing, zing, zing de ce violon-là . . .". On aime en faire une pantomime de musiciens en la chantant en groupe.

This cumulative song is nearly as popular in Canada as "Alouette" or "Old King Cole". Like "J'ai perdu le do de ma clarinette", it features musical instruments, and each verse repeats all the previous instruments so that the last verse runs: "Glug glug glug on the bottle, ta-ta-ra on the little cornet, boom boom boom on the big bass drum, toot toot toot on the little flute, zing zing zing on the violin . . .". Groups like to perform it using actions to suggest the playing of the different instruments.

94

Bonsoir, mes amis!

REFRAIN

Bon - soir, mes a - mis, bon - soir! Bon -

soir, mes a - mis, bon - soir! Bon - soir, mes a - mis, bon -

soir, mes a - mis, bon - soir, mes a - mis, bon - soir!

Au re - voir! Quand on est si bien en -

sem - ble, pour - quoi donc se sé - pa - rer? Pour - quoi

donc, pour - quoi donc, pour - quoi donc se sé - pa - rer?

2. Quand on est près d'une fillette,
   pourquoi donc pas l'embrasser?
   Pourquoi donc, pourquoi donc,
   pourquoi donc pas l'embrasser?
   Refrain

3. Quand on est près d'une bouteille,
   pourquoi donc pas la vider?
   Pourquoi donc, pourquoi donc,
   pourquoi donc pas la vider?
   Refrain

Voici l'équivalent français de "Good Night, Ladies", que l'on chante à la fin d'une soirée. Avec simplicité, on ne fait que répéter "Bonsoir, mes amis, bonsoir! . . . On est si heureux ensemble, pourquoi donc nous quitter?"

This is the French counterpart of the English "Good Night, Ladies", sung at the end of a dance or party. It says simply and repetitively, "Good night, my friends, good night! . . . When we are so happy together, why then separate?"

I'll Give My Love an Apple

Capo - 3rd Position
Chords in Key of A minor
Capo - 3ᵉ position
Accords en ton de la mineur

I'll___ give my love an ap - ple with - out an - y core; I'll___ give my love a dwel - ling with - out___ an - y door; I'll___ give my love a pa - lace where - in she___ might be, That___ she might un - lock it with - out an - y key.

2. How can there be an apple without any core?
   How can there be a dwelling without any door?
   How can there be a palace wherein she might be,
   That she might unlock it without any key?

3. My head is an apple without any core:
   My mind is a dwelling without any door;
   My heart is a palace wherein she might be,
   That she can unlock it without any key.

From *Traditional Songs from Nova Scotia* by Helen Creighton.
Used by permission.

4. I'll give my love a cherry without any stone;
   I'll give my love a chicken without any bone;
   I'll give my love a ring without any end;
   I'll give my love a baby and no crying.

5. How can there be a cherry without any stone?
   How can there be a chicken without any bone?
   How can there be a ring without any end?
   How can there be a baby and no crying?

6. When the cherry's in blossom it has no stone;
   When the chicken's in the egg it has no bone;
   When the ring is a-rolling it has no end;
   When the baby is a-getting, there's no crying.

Riddle songs like this are very old — one appeared in a small manuscript collection made over five hundred years ago, and a similar song, "Perrie, Merrie, Dixie, Dominie", has been popular with English children for nearly two hundred years. This version was transplanted from Britain to Nova Scotia, and the same pattern turns up in such ballads as "Captain Wedderburn's Courtship", "The Elfin Knight", and "Scarborough Fair".

Les chansons énigmatiques de ce genre sont très vieilles; on en retrouve une dans un petit recueil manuscrit préparé il y a plus de cinq cents ans, et une autre semblable, "Perrie, Merrie, Dixie, Dominie", est populaire auprès des enfants anglais depuis près de deux cents ans. Cette version est arrivée en Nouvelle-Écosse de l'Angleterre et on retrouve le même style dans des ballades telles que: "Captain Wedderburn's Courtship", "The Elfin Knight", et "Scarborough Fair".

Farewell to Nova Scotia

The sun was set - ting in the west, The birds were sing - ing on ev' - ry tree, All na - ture seemed in - clined for rest, But still there was no rest for me.

REFRAIN

Fare - well to No - va Sco - tia, the sea - bound coast! Let your moun - tains dark and drea - ry be, For when I am far a - way on the bri - ny o - cean tossed Will you e - ver heave a sigh and a wish for me?

2. I grieve to leave my native land,
   I grieve to leave my comrades all,
   And my parents whom I held so dear,
   And the bonny, bonny lass that I do adore.
   Refrain

3. The drums they do beat and the wars do alarm.
   The captain calls, we must obey,
   So farewell, farewell to Nova Scotia's charms,
   For it's early in the morning I am far, far away.
   Refrain

4. I have three brothers and they are at rest,
   Their arms are folded on their breast,
   But a poor simple sailor just like me
   Must be tossed and driven on the dark blue sea.
   Refrain

The renowned Nova Scotia folklorist, Dr. Helen Creighton, heard this song from several people around Petpeswick and Chezzetcook, and they told her it used to be sung in Nova Scotia schools. It has since become one of Canada's best-known songs, partly because it was used as a theme on the Halifax television show, "Singalong Jubilee".

*La célèbre folkloriste de la Nouvelle-Écosse, M*ⁱˡᵉ *Helen Creighton, a entendu chanter cette pièce par plusieurs personnes aux environs de Petpeswick et de Chezzetcook et on lui a dit qu'autrefois, elle était chantée dans les écoles de la Nouvelle-Écosse. Depuis, elle est devenue une des mieux connues au Canada, surtout parce qu'elle a été utilisée comme chanson-thème de l'émission télévisée de Halifax, "Singalong Jubilee".*

The Ryans and the Pittmans

H. W. LeMessurier, C.M.G.

We'll rant and we'll roar like true New-found-lan-ders, We'll rant and we'll roar on deck and be-low, Un -

til we see bot-tom in-side the two sunk-ers When

straight through the chan-nel to Tos-low we'll go.

2. I'm a son of a sea-cook, and a cook in a trader;
   I can dance, I can sing, I can reef the main-boom,
   I can handle a jigger, and cuts a big figure
   Whenever I gets in a boat's standing room.

3. If the voyage is good, then this fall I will do it;
   I wants two pound ten for a ring and the priest,
   A couple o' dollars for clane shirt and collars,
   And a handful o' coppers to make up a feast.

4. There's plump little Polly, her name is Goldsworthy;
   There's John Coady's Kitty, and Mary Tibbo;
   There's Clara from Bruley, and young Martha Foley,
   But the nicest of all is my girl in Toslow.

From *Old-Time Songs and Poetry of Newfoundland*, edited by Gerald S. Doyle.
Used by permission.

5. Farewell and adieu to ye fair ones of Valen,
   Farewell and adieu to ye girls in the Cove;
   I'm bound to the Westward, to the wall with the hole in,
   I'll take her from Toslow the wild world to rove.

6. Farewell and adieu to ye girls of St. Kyran's,
   Of Paradise and Presque, Big and Little Bona,
   I'm bound unto Toslow to marry sweet Biddy,
   And if I don't do so, I'm afraid of her da.

7. I've bought me a house from Katherine Davis,
   A twenty-pound bed from Jimmy McGrath;
   I'll get me a settle, a pot and a kettle;
   Then I'll be ready for Biddy—Hurrah!

8. I brought in the Ino this spring from the city
   Some rings and gold brooches for the girls in the Bay;
   I bought me a case-pipe—they call it a meerschaum—
   It melted like butter upon a hot day.

9. I went to a dance one night at Fox Harbour;
   There were plenty of girls, so nice as you'd wish,
   There was one pretty maiden a-chawing of frankgum,
   Just like a young kitten a-gnawing fresh fish.

10. Then here is a health to the girls of Fox Harbour,
    Of Oderin and Presque, Crabbes Hole and Bruley.
    Now let ye be jolly, don't be melancholy,
    I can't marry all, or in chokey I'd be.

Also known as "We'll Rant and We'll Roar Like True Newfoundlanders", this is a local version of an old English sailor's song, "Farewell and Adieu to You, Spanish Ladies". The Newfoundland words were written about 1880 by H. W. LeMessurier, an editor of the *Evening Herald* in St. John's. He paints a vivid picture of life in a Newfoundland outport, and has studded his lines with local place names: mostly small villages around Placentia Bay on the south-east coast.

Connue aussi sous le titre "We'll Rant and We'll Roar Like True Newfound-landers", voici une version locale d'une vieille chanson de la marine anglaise, "Farewell and Adieu to You, Spanish Ladies". Les paroles terre-neuviennes ont été composées vers 1880 par H. W. LeMessurier, alors rédacteur du journal "Evening Herald" de St. John's. Il a dressé un vif tableau de la vie dans un port de mer de Terre-Neuve, en y ajoutant plusieurs noms locaux, surtout de petits villages aux environs de Placentia Bay sur la côte sud-ouest.

Jack Was Every Inch a Sailor

Spiritoso

Now 'twas twen-ty - five or thir - ty years since Jack first saw the light.

He came in - to this world of woe one dark and storm - y night.

He was born on board his fa -ther's ship as she was ly - ing to,

'Bout twen-ty- five of thir - ty miles south east of Bac - a - lieu. Oh,

REFRAIN

Jack was ev-'ry inch a sail - or, five and twen-ty years a whal - er,

Jack was ev -'ry inch a sail - or, He was born up-on the bright blue sea.

From *Old-Time Songs and Poetry of Newfoundland,* edited by Gerald S. Doyle.
Used by permission.

2. When Jack grew up to be a man, he went to the Labrador.
He fished in Indian Harbour, where his father fished before.
On his returning in the fog, he met a heavy gale,
And Jack was swept into the sea and swallowed by a whale.
Refrain

3. The whale went straight for Baffin's Bay about ninety knots an hour,
And every time he'd blow a spray, he'd send it in a shower.
"Oh, now," says Jack unto himself, "I must see what he's about."
He caught the whale all by the tail and turned him inside out.
Refrain

This updating of the Jonah legend was sung in New York music halls around 1880 with a different tune, and has continued to be popular in Newfoundland ever since. Bacalieu ("bacalhao" is the Portuguese word for codfish) is a rocky island off the east coast of Newfoundland, and Indian Harbour is on the Labrador coast.

On chantait cette nouvelle version de la légende de Jonas dans les cafés-concerts de New York vers 1880, mais sur un air différent. Depuis, on la chante toujours à Terre-Neuve. Bacalieu ("bacalhao" veut dire morue en portugais) est une île au large de la côte orientale de Terre-Neuve, et "Indian Harbour" est sur la côte du Labrador.

Squid-Jiggin' Ground

A.R. Scammell

Oh! this is the place where the fish-er-men ga-ther In oil-skins and boots and Cape-Anns bat-tened down; All si-zes of fig-ures, with squid lines and jig-gers, They con-gre-gate here on the squid-jig-gin' ground.

2. Some are workin' their jiggers while others are yarnin',
   There's some standin' up and there's more lyin' down;
   While all kinds of fun, jokes and tricks are begun,
   As they wait for the squid on the squid-jiggin' ground.

3. There's men of all ages and boys in the bargain,
   There's old Billy Cave and there's young Raymond Bown,
   There's a red rantin' Tory out here in a dory,
   A-runnin' down Squires on the squid-jiggin' ground.

4. There's men from the harbour; there's men from the tickle
   In all kinds of motorboats, green, gray and brown;
   Right yonder is Bobby and with him is Nobby,
   He's chawin' hard tack on the squid-jiggin' ground.

5. God bless my sou'wester, there's skipper John Chaffey,
   He's the best hand at squid-jiggin' here, I'll be bound,
   Hello! what's the row? Why, he's jiggin' one now,
   The very first squid on the squid-jiggin' ground.

6. The man with the whisker is old Jacob Steele,
   He's gettin' well up but he's still pretty sound;
   While uncle Bob Hawkins wears six pairs of stockin's
   Whenever he's out on the squid-jiggin' ground.

7. Holy smoke! what a scuffle, all hands are excited,
   'Tis a wonder to me that there's nobody drowned,
   There's a bustle, confusion, a wonderful hustle,
   They're all jiggin' squids on the squid-jiggin' ground!

8. Says Bobby, "The squids are on top of the water,
   I just got me jiggers about one fathom down;"
   But a squid in the boat squirted right down his throat,
   And he's swearin' like mad on the squid-jiggin' ground.

9. There's poor uncle Billy, his whiskers are spattered
   With spots of the squid juice that's flying around;
   One poor little boy got it right in the eye,
   But they don't give a darn on the squid-jiggin' ground.

10. Now if ever you feel inclined to go squiddin',
    Leave your white shirts and collars behind in the town,
    And if you get cranky, without yer silk hanky,
    You'd better steer clear of the squid-jiggin' ground.

The squid is a cuttle-fish used as bait, which squirts an inky liquid when disturbed. It moves in along the Newfoundland coast from August to October, and fishermen head out with their jiggers — fish-hooks — to catch them. Arthur R. Scammell, who grew up in a fishing village, wrote these verses about forty years ago when he was only fifteen, setting them to an adaptation of the Irish jig tune, "Larry O'Gaff". Since then "Squid-jiggin' Ground" has become the most widely known of all Newfoundland songs.

Le calmar, voisin de la seiche, est utilisé comme appât et il projette un liquide d'encre lorsqu'il est dérangé. Il apparaît au large des côtes de Terre-Neuve, du mois d'août au mois d'octobre, et les pêcheurs s'empressent d'aller l'attraper à l'hameçon. Alors qu'il n'avait que quinze ans, Arthur R. Scammell, qui avait grandi dans un village de pêcheurs, a composé ces couplets il y a environ quarante ans, sur un air adapté d'une gigue irlandaise, "Larry O'Gaff". Depuis, "Squid-jiggin' Ground" est devenue la chanson terre-neuvienne la mieux connue.

The Badger Drive

John V. Devine

There is one class of men in this coun - try ____ That
nev - er is men - tioned in song, ____ And now, since their
trade is ad - vanc - ing, ____ They'll come out on top be - fore
long. ____ They say that our sail - ors have dan - ger ____ And
like - wise our war - ri - ors bold ____ But there's none know the
life of a dri - ver, ____ What he suf - fers with hard-ship and cold. ____

REFRAIN

With their pike - poles and peav - ies and ba - teaus and
all, And they're sure to drive out in the spring, that's the
time, With the caulks in their boots as they get on the

From *Old-Time Songs and Poetry of Newfoundland*, edited by Gerald S. Doyle.
Used by permission.

logs, And it's hard to get o - ver their time.

2. Billey Dorothey he is the manager, and he's a good man at the trade;
And when he's around seeking drivers, he's like a train going down grade,
But still he is a man that's kindhearted, on his word you can always depend,
And there's never a man that works with him but likes to go with him again.
Refrain

3. I tell you today home in London, *The Times* it is read by each man,
But little they think of the fellows that drove the wood on Mary Ann;
For paper is made out of pulpwood and many things more you may know,
And long may our men live to drive it upon Paymeoch and Tomjoe.
Refrain

4. The drive it is just below Badger, and everything is working grand,
With a jolly good crew of picked drivers and Ronald Kelly in command,
For Ronald is boss on the river, and I tell you he's a man that's alive,
He drove the wood off Victoria, now he's out on the main river drive.
Refrain

5. So now to conclude and to finish, I hope that ye all will agree
In wishing success to all Badger and the A.N.D. Company.
And long may they live for to flourish, and continue to chop, drive and roll,
And long may the business be managed by Mr. Dorothey and Mr. Cole.
Refrain

There is a large paper mill at Grand Falls in north-eastern Newfoundland, and Badger is a small town fifteen miles west on the Exploits River. During the winter fishermen worked in the woods around Badger, and drove the logs down the river in the spring for the Anglo-Newfoundland Development Company — the A.N.D. of the song. A Newfoundland poet, John V. Devine, set his verses to the tune of an old Irish song, "Over the Mountain".

À Grand Falls, dans la région nord-est de Terre-Neuve, se trouve une grande usine de pâte à papier et, quinze milles à l'ouest sur la rivière Exploits, une petite ville du nom de Badger. En hiver, les pêcheurs travaillaient à la coupe du bois aux environs de Badger et au printemps, ils descendaient la rivière en faisant flotter les billes pour le compte de la compagnie Anglo-Newfoundland Development, d'où l'expression "A.N.D." dans la chanson. Un poète terre-neuvien, John V. Devine, en a composé les paroles sur un vieil air irlandais, "Over the Mountain".

The Indian's Lament

Con sentimento

As an In - di - an sat in his lit - tle bark ca -
noe, He sailed it right o - ver the wa - ters so blue. He
sang of the days when the land was their own Long be -
fore the pale fa - ces a - mong them were known.

2. At first when the red men were lords of this soil,
   We lived happy, contented, without trouble or toil.
   We hunted the beaver, the otter, the deer,
   For we knew in the wild woods there was nothing to fear.

3. At first when these white men they came to our land,
   We used them like brothers, we gave them our hand.
   We knew they were weary, in need of repose,
   Never thinking these white men would e'er turn our foes.

4. For a while we lived happy with our white friends all round;
   We showed them the best of our own hunting ground.
   They paid us with trinkets, which pleased us for a while,
   And caused us poor Indians like children to smile.

From *Canada's Story in Song*, Revised Edition, edited by Edith Fowke and Alan Mills.
Used by permission of Gage Educational Publishing Limited.

5. But soon they began to encroach on our rights;
   Their number increased and they drove us to flight.
   They drove us away from our own native shore
   Where the smoke of our camp fire rises no more.

6. They built their large cities all over our land,
   And on our rich prairies their farm houses stand.
   The beaver, the otter, the hunters have slain,
   And they've driven the red deer far over the plain.

7. The graves of our forefathers, where are they now?
   They're rudely trodden over and torn by the plough.
   Their children have wandered distracted and poor,
   And the graves of our forefathers we visit no more.

8. For awhile we will linger around this happy place;
   Our wives and our children we will them embrace,
   Till the Great Spirit calls us away from all pain
   To that bright happy land where we'll all meet again.

Ever since white men landed on this continent the Indians seem to have been treated badly, and the unhappy state of Canada's native people has inspired several songs. This one was probably composed by a sympathetic white man rather than an Indian, but it was sung in the lumbercamps by both Indians and whites.

Depuis la venue des Blancs sur ce continent, les Indiens semblent avoir été plus ou moins maltraités et ce malheureux état dans lequel se trouvaient les indigènes du Canada a inspiré de nombreuses chansons. Celle-ci a été sans doute composée par un Blanc qui ressentait une certaine compassion, plutôt que par un Indien. Toutefois, cette chanson a été chantée dans les camps de bûcherons, autant par les Indiens que par les Blancs.

The Banks of the Don

Capo - 3rd Position
Chords in Key of D
Capo - 3ᵉ position
Accords en ton de ré

On the banks of the Don there's a dear lit-tle spot, A board-ing house pro-per where you get your meals hot. You get fine bread and wa-ter and don't pay a cent: Your tax-es are paid for, your board and your rent.

REFRAIN

So turn out ev-'ry man of you, all in a line, From the cell to the stone-yard you all must keep time. You work like a Turk till the bell it strikes one In that grand in-sti-tu-tion just o-ver the Don.

2. If you want to get into that palace so neat,
   Take tanglefoot whiskey and get drunk in the street.
   You'll have a fine carriage to drive you from town
   To that grand institution just over the Don.
   Refrain
3. Our boarders are honest, not one of them steal,
   For they count all the knives and forks after each meal.
   Our windows are airy and barred up beside
   To keep our good boarders from falling outside.
   Refrain

This little ditty seems to be the only folk song about Toronto: it celebrates the Don Jail, which stands on the banks of the Don River at Broadview and Gerrard. It has been sung all over Ontario: this version came from O. J. Abbott who learned it in the Ottawa Valley around 1890. Similar songs describe the jails in Dublin and Edinburgh, and another Ontario song, "Johnston's Hotel", extols the Peterborough jail.

Cette chansonnette semble être la seule chanson folklorique composée sur Toronto. Elle commémore la prison du Don, située sur les bords de la rivière du même nom, à l'angle des rues Broadview et Gerrard. On l'a chantée dans tout l'Ontario. Cette version vient de O. J. Abbott qui l'a apprise vers 1890 dans la vallée de l'Outaouais. D'autres chansons semblables parlent des prisons de Dublin et d'Édimbourg tandis qu'une autre chanson ontarienne, "Johnston's Hotel", fait l'éloge de la prison de Peterborough.

The Poor Little Girls of Ontario

Lamentoso

I'll sing you a song of that pla-guey pest, It goes by the name of the Great North-West. I can-not have a beau at all, They all skip out there in the fall.

REFRAIN

One by one they all clear out, Think-ing to bet-ter them-selves, no doubt, Ca-ring lit-tle how far they go From the poor lit-tle girls of On-ta-ri-o.

2. First I got mashed on Charlie Brown,
   The nicest fellow in all the town.
   He tipped his hat and sailed away,
   And now he's settled in Manitobay.
   Refrain

3. Then Henry Mayner with his white cravat,
   His high stiff collar and his new plug hat,
   He said if he stayed he'd have to beg,
   And now he's settled in Winnipeg.
   Refrain

From *Canada's Story in Song*, Revised Edition, edited by Edith Fowke and Alan Mills.
Used by permission of Gage Educational Publishing Limited.

4. Then my long-legged druggist with his specs on his nose,
   I really thought he would propose,
   But he's sold his bottle-shop and now he's gone
   Clear out to little Saskatchewan.
   Refrain

5. I'll pack my clothes in a carpet sack,
   I'll go out there and I'll never come back,
   I'll find me a husband and a good one, too,
   If I have to go through to Cariboo.

Last Refrain One by one we'll all clear out,
   Thinking to better ourselves, no doubt,
   Caring little how far we go
   From the old, old folks of Ontario.

The lament of the girls who were left behind has become one of the most popular Ontario songs. It was sung first in the 1880s, when boys were leaving the older settlements in the south for Thunder Bay and Keewatin, which were opening up in north-western Ontario. Later, when free homesteads lured young men to the Northwest Territories, the verses changed to mention places in Manitoba and Saskatchewan. This version was sung around Belleville early in this century.

La complainte des jeunes filles qui ont été délaissées est devenue une des chansons les plus populaires de l'Ontario. Elle a été d'abord chantée durant les années 1880, alors que les jeunes gens commençaient à quitter les vieilles localités du Sud, pour monter à Thunder Bay et dans le district de Keewatin, dans le Nord-Ouest ontarien. Plus tard, quand les jeunes gens ont été attirés dans les Territoires du Nord-Ouest où on leur promettait des terres gratuites, il a fallu changer quelques mots pour inclure des endroits comme le Manitoba et la Saskatchewan. Cette version était entendue aux environs de Belleville, au début du siècle.

The Black-Fly Song

114

Capo - 5th Position
Chords in Key of C
Capo - 5e position
Accords en ton de do

Wade Hemsworth

Wade Hemsworth

'Twas ear-ly in the spring when __ I de-cide to go For to work up in the woods in North On-ta-ri-o, And the un-em-ploy-ment of-fice said they'd send me through To the Lit-tle A-bi-ti-bi with the sur-vey crew.

REFRAIN

And the black - flies the lit-tle black-flies, Al-ways the black - fly no mat-ter where you go, I'll die with the black - fly a-pic-kin' my bones In __ North On-ta-ri-o, i - o, in __ North On-ta-ri-o.

2. Now the man Black Toby was the captain of the crew
   And he said: "I'm gonna tell you boys what we're gonna do.
   They want to build a power dam and we must find a way
   For to make the Little Ab flow around the other way."

   Refrain

3. So we survey to the east and we survey to the west
   And we couldn't make our minds up how to do it best.
   Little Ab, Little Ab, what shall I do?
   For I'm all but goin' crazy on the survey crew.

   Refrain

4. It was black-fly, black-fly everywhere,
   A-crawlin' in your whiskers, a-crawlin' in your hair;
   A-swimmin' in the soup and a-swimmin' in the tea;
   Oh the devil take the black-fly and let me be.

   Refrain

5. Black Toby fell to swearin' 'cause the work went slow,
   And the state of our morale was gettin' pretty low,
   And the flies swarmed heavy—it was hard to catch a breath
   As you staggered up and down the trail talkin' to yourself.

   Refrain

6. Now the bull cook's name was Blind River Joe;
   If it hadn't been for him we'd've never pulled through
   For he bound up our bruises, and he kidded us for fun,
   And he lathered us with bacon grease and balsam gum.

   Refrain

7. At last the job was over; Black Toby said: "We're through
   With the Little Abitibi and the survey crew."
   'Twas a wonderful experience and this I know
   I'll never go again to North Ontar-i-o.

   Refrain

Wade Hemsworth, a singer and songwriter who was born in Brantford, worked for a time as a draftsman for the Ontario Hydro. In the fall of 1949 he went up north to White River on a survey trip. The Hydro was planning to build a dam on the Little Abitibi River, and Toby Colpitts was in charge of the surveyors. Their experiences inspired Wade to write his most popular song.

Chanteur et chansonnier, Wade Hemsworth est né à Brantford et il a travaillé pendant quelque temps comme dessinateur au service de l'Hydro-Ontario. En automne 1949, il est allé à White River, dans le nord, avec une équipe d'arpenteurs. L'Hydro allait construire un barrage sur la petite rivière Abitibi et Toby Colpitts était chef de l'équipe d'arpenteurs. Wade s'est inspiré de leurs aventures pour composer la plus populaire de ses chansons.

The Alberta Homesteader

Capo - 3rd Position
Chords in Key of D
Capo - 3ᵉ position
Accords en ton de ré

My — name is Dan Gold, an old bach'-lor I am, —
I'm keep - ing old batch on an e - le - gant plan. —
You'll find me out here on Al - ber - ta's bush plain —
A - star - ving to death on a go - vern - ment claim.

2. So come to Alberta, there's room for you all
   Where the wind never ceases and the rain always falls,
   Where the sun always sets and there it remains
   Till we get frozen out on our government claims.

3. My house it is built of the natural soil,
   My walls are erected according to Hoyle,
   My roof has no pitch, it is level and plain,
   And I always get wet when it happens to rain.

4. My clothes are all ragged, my language is rough,
   My bread is case-hardened and solid and tough,
   My dishes are scattered all over the room,
   My floor gets afraid at the sight of a broom.

From *Canada's Story in Song*, Revised Edition, edited by Edith Fowke and Alan Mills.
Used by permission of Gage Educational Publishing Limited.

5. How happy I feel when I roll into bed,
   The rattlesnake rattles a tune at my head.
   The little mosquito devoid of all fear
   Crawls over my face and into my ear.

6. The little bed-bug so cheerful and bright,
   It keeps me up laughing two-thirds of the night,
   And the smart little flea with tacks in his toes
   Crawls up through my whiskers and tickles my nose.

7. You may try to raise wheat, you may try to raise rye,
   You may stay there and live, you may stay there and die,
   But as for myself, I'll no longer remain
   A-starving to death on a government claim.

8. So farewell to Alberta, farewell to the west,
   It's backwards I'll go to the girl I love best.
   I'll go back to the east and get me a wife
   And never eat cornbread the rest of my life.

When the Canadian Government acquired Rupert's Land from the Hudson's Bay Company in 1870, it offered a quarter-section to any settler who would live on it for three years. Many men from Britain and Eastern Canada headed west to stake out their claims, but they found that the free land scarcely balanced the hardships they had to endure. These verses, which are adapted from an American song, "The Greer County Bachelor", give a colourful picture of pioneer life.

En 1870, lorsque la Terre de Rupert a passé des mains de la Compagnie de la Baie d'Hudson au gouvernement canadien, ce dernier a offert un quart de section de terre à tout colon qui s'y installerait pour trois ans. Beaucoup d'hommes sont partis de l'Angleterre et de l'Est du Canada pour se rendre dans l'Ouest afin de profiter de cette occasion, mais ils ont découvert rapidement que les terres gratuites étaient une pauvre compensation pour les épreuves qu'ils ont eu à endurer. Ces paroles, adaptées d'une chanson américaine, "The Greer County Bachelor", représentent de façon assez pittoresque la vie du colon de l'époque.

Life in a Prairie Shack

Oh, a life in a prai - rie shack, ___ when the rain be - gins to pour! ___ Drip, drip, it comes through the roof, ___ and some comes through the door. ___ The ten - der - foot cur - ses his fate ___ and faint - ly mut - ters, "Ah! This bloom-ing coun-try's a fraud, ___ and I want to go home to my Maw!" ___

REFRAIN

"Maw! ___ Maw! ___ I want to go home to my Maw! ___ This bloom - ing coun-try's a fraud, ___ and I want to go home to my Maw!" ___

2. Oh, he saddled his fiery cayuse, determined to flourish around.
   The critter began to buck, and threw him off on the ground,
   And as he picked himself up he was heard to mutter, "Ah!
   This blooming country's a fraud, and I want to go home to my Maw!"

   Refrain

* This is to be spoken, not sung. / *Parlé, ne pas chanter.*

3. Oh, he tried to light a fire at twenty degrees below.
   He made a lick at a stick and amputated his toe,
   And as he crawled to his shack he was heard to mutter, "Ah!
   This blooming country's a fraud, and I want to go home to my Maw!"
   Refrain

4. Now all you tenderfeet list, before you go too far:
   If you haven't a government sit, you'd better stay where you are,
   And if you take my advice, then you will not mutter, "Ah!
   This blooming country's a fraud, and I want to go home to my Maw!"
   Refrain

This pitiful story of a tenderfoot's ordeal is typical of the old-timers' attitude to greenhorns who couldn't cope with pioneer conditions. Remittance men — the "black sheep" that English families shipped out to the colonies — became the butt of many jokes. Captain Charles Cates' father learned this song in Western Canada in the 1880s. It is sung to the popular square-dance tune, "Life on the Ocean Wave".

Ce pitoyable récit des épreuves d'un novice est bien typique de l'attitude des vieux colons envers les blancs-becs qui ne pouvaient faire face aux problèmes des colons. Les "moutons noirs" des familles anglaises que l'on envoyait aux colonies et qui portaient le nom de "Remittance Men" parce qu'ils vivaient des fonds que leur envoyaient leurs familles, ont été l'objet de plusieurs blagues. Le père du capitaine Charles Cates a appris cette chanson vers 1880 dans l'Ouest du Canada. On la chante sur l'air de la danse carrée populaire, "Life on the Ocean Wave".

Saskatchewan

Capo - 1st Position
Chords in Key of E
Capo - 1ère position
Accords en ton de mi

From *Canada's Story in Song*, Revised Edition, edited by Edith Fowke and Alan Mills.
Used by permission of Gage Educational Publishing Limited.

2. Our pigs are dying on their feet
   Because they have no feed to eat;
   Our horses, though of bronco race,
   Starvation stares them in the face.

   Refrain

3. The milk from cows has ceased to flow,
   We've had to ship them east, you know;
   Our hens are old and lay no eggs,
   Our turkeys eat grasshopper legs.

   Refrain

4. But still we love Saskatchewan,
   We're proud to say we're native ones,
   So count your blessings drop by drop,
   Next year we'll have a bumper crop!

   Refrain

During the great depression of the 1930s, the Prairie farmers had to endure not only depression but drought. Year after year their crops were burned up by the hot summer sun, and their soil was blown away by the dry winds. That period inspired William W. Smith, a Swift Current businessman, to write these verses to the tune of "Beulah Land", which had already been used for several earlier western songs.

Durant la grande dépression des années 1930, les agriculteurs des Prairies ont dû subir non seulement la crise économique mais aussi la grande sécheresse. D'une année à l'autre, le soleil brûlait leurs récoltes et les vents secs érodaient leur sol. Cette période a inspiré William W. Smith, homme d'affaires de Swift Current, qui a composé ces paroles sur l'air de "Beulah Land", air qui avait été utilisé pour plusieurs autres chansons de l'Ouest.

The Grand Hotel

Capo - 2nd Position
Chords in Key of C
Capo - 2ᵉ position
Accords en ton de do

There's a place in Van-cou-ver the log-gers know well,
It's a place where they keep rot-gut whis-ky to sell.
They al-so keep board-ers and keep them like hell,
And the name of that place is the Grand Ho-tel.

2. Oh, the Grand Hotel, when the loggers come in,
   It's amusing to see the proprietor grin,
   For he knows they've got cash and he'll soon have it all,
   So "Come, boys, have a drink!" you will hear Tommy call.

3. In the morning Tom Roberts comes up to the door
   And there he sees loggers all over the floor,
   With a bottle of rum and a bottle of rye,
   And passes to camp on the old *Cassiar*.

English translation from *Folk Songs of Canada*, Fowke-Johnston.
Used by permission of the Waterloo Music Company Limited.

Ed McCurdy, a folksinger well known in Canada in the 1950s, picked up this song from some loggers in Vancouver. The Grand Hotel has gone, but it used to be filled with loggers every spring when the coastal steamer *Cassiar* brought them down from the woods to spend their pay. The verses go to the most popular of all folk tunes, used for "Villikens and His Dinah", "Sweet Betsy from Pike", and scores of other songs.

Ed McCurdy, chanteur folklorique très connu au Canada au cours des années 1950, a recueilli cette chanson chez des bûcherons à Vancouver. Le Grand Hotel n'est plus, mais à l'époque les bûcherons le remplissaient tous les printemps quand ils arrivaient des bois par le bateau côtier "Cassiar" pour dépenser leur paye. Ces paroles sont chantées sur la plus populaire des mélodies folkloriques qui sert aussi pour "Villikens and His Dinah", "Sweet Betsy from Pike", et plusieurs autres.

When the Ice Worms Nest Again

There's a dus-ky hus-ky mai-den in the Arc-tic, ____ And she waits for me but it is not in vain, ____ For some day I'll put my muk-luks on and ask her ____ If she'll wed me when the ice worms nest a-gain. ____ In the land of the pale blue snow where it's nine-ty-nine be-low, And the po-lar bears are roam-ing o'er the plain, ____ In the sha-dow of the Pole I will clasp her to my soul; We'll be mar-ried when the ice worms nest a-gain. ____

From *Canada's Story in Song*, Revised Edition, edited by Edith Fowke and Alan Mills.
Used by permission of Gage Educational Publishing Limited.

2. For our wedding feast we'll have seal oil and blubber;
   In our kayaks we will roam the bounding main;
   All the walruses will look at us and rubber;
   We'll be married when the ice worms nest again.
   When some night at half-past two I return to my igloo,
   After sitting with a friend who was in pain,
   She'll be waiting for me there with the hambone of a bear,
   And she'll beat me till the ice worms nest again.

For half a century this has been the most popular song among northern prospectors and trappers. It seems to have been adapted from a song of the same title by Robert W. Service, who also wrote "The Ice Worm Cocktail". It became the theme of the fur-trappers' conventions at The Pas in Manitoba and of the silver miners who met in Cobalt, Ontario.

Depuis plus d'un demi-siècle, cette chanson a été la plus populaire chez les prospecteurs et les trappeurs du Grand Nord. On croit qu'elle est une adaptation d'une chanson du même titre composée par Robert W. Service qui a composé aussi "The Ice Worm Cocktail". Cette chanson a été adoptée par les congrès de trappeurs, à Le Pas au Manitoba, et de mineurs aux mines d'argent de Cobalt, Ontario.

III

Other Peoples of Canada
Autres peuples du Canada

An Iroquois Lullaby

Capo - 5th Position
Chords in Key of A minor
Capo - 5ᵉ position
Accords en ton de la mineur

Dolce

Ho, Ho,— Wa - ta - nay, Ho, Ho,— Wa - ta - nay,

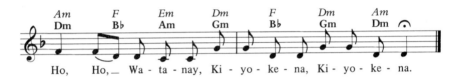

Ho, Ho,— Wa - ta - nay, Ki - yo - ke - na, Ki - yo - ke - na.

The Iroquois were the most important Indian tribe in eastern Canada, living along the St. Lawrence and the Great Lakes. Their songs were very short and usually consisted of a few words repeated over and over. Alan Mills learned this little lullaby from Iroquois at the Caughnawaga Indian Reserve near Montreal.

Les Iroquois étaient la tribu la plus importante de l'Est du Canada, vivant sur les bords du Saint-Laurent et des Grands Lacs. Leurs chansons étaient très courtes et, ordinairement, elles ne consistaient que de quelques mots qui étaient répétés continuellement. Alan Mills a appris cette petite berceuse d'un Iroquois de la Réserve indienne de Caughnawaga, près de Montréal.

From *Canada's Story in Song*. Revised Edition, edited by Edith Fowke and Alan Mills.
Used by permission of Gage Educational Publishing Limited.

A Tsimshian Song of Welcome

Vigoroso

Ee - ya - ho - ho   ee - ya - heh - eh!   Ee - ya - ho - ho

ee - ya - heh - eh!   Ee - eh - yah   ha - ha - ha___ hee - yah-heh!   Ee -

yah - ha - ha___ ee - ya-heh!   Ee - yah - ah- ah___   ee - ya-heh!

Soo - wa - deh - es___   Gi - da - ra - nit - zeh!   Soo-wa-deh - es___

Gi - da - ra - nit - zeh!   Hoo - hee - hee - hee___

ee - ya - heh!   Yah - ha - ha - ee___ a - a - ah - heh!

The West Coast Indians delighted in holding potlatches — great feasts at which each chief tried to outdo the others in giving his guests lavish gifts. At these feasts the guests sang songs honouring their host, and this "Song of Welcome" was chanted as the chief appeared, dressed in his ceremonial robes. Dr. Marius Barbeau collected it from the Tsimshian Indians along the Nass River in northwestern British Columbia.

Les Indiens de la Côte Ouest ne demandaient pas mieux que d'organiser un potlatch, c'est-à-dire, une fête religieuse au cours de laquelle chaque chef s'efforçait de surpasser les autres en offrant des dons somptueux à ses invités. Durant ces fêtes, les invités chantaient pour honorer leur hôte et ce "chant d'accueil" était entonné à l'arrivée du chef, vêtu de ses habits cérémoniels. M. Marius Barbeau l'a recueilli chez les indiens Tsimshian près de la rivière Nass dans la région du nord-ouest de la Colombie-Britannique.

From *Canada's Story in Song*. Revised Edition, edited by Edith Fowke and Alan Mills.
Used by permission of Gage Educational Publishing Limited.

An Eskimo Weather Chant

Appassionata, ben ritmico

Cha - yun - ga   a - cin ___   U - wan - ga   a - cin ___

Cha - yun - ga   a - cin ___   U - wan - ga ___ na - lu - vit ___

Fine

D.C. al Fine

Cha - yun - ga   a - cin   U - wan - ga   a - cin.

Weather is the most important factor in an Eskimo's life, for if it is too stormy for him to hunt, his family will starve. To ensure good weather the shamans, or medicine men, invoke the aid of spirits by singing chants. Dr. Diamond Jenness, a Canadian anthropologist, heard a Copper Eskimo sing this in 1915.

Le temps tient la place la plus importante dans la vie des Esquimaux, car lorsqu'il fait trop mauvais pour chasser, la famille risque de mourir de faim. Pour s'assurer du beau temps, les "shamans" ou sorciers invoquaient les esprits par des chants. M. Diamond Jenness, anthropologue canadien, a entendu et recueilli ce chant, en 1915, d'un esquimau de la tribu du Cuivre.

From *Canada's Story in Song*. Revised Edition, edited by Edith Fowke and Alan Mills.
Used by permission of Gage Educational Publishing Limited.

Santa Lucia

Sul ma - re lu - ci - ca l'a - stro d'ar - gen - to, Pla - ci - da è l'on - da, pro - spe - ro è il ven - to. Ve - ni te all a - gi - le bar - chet - ta mi - a, San - ta___ Lu - ci - a, San - ta Lu - ci - a! Ve - ni - te all' a - gi - le bar - chet - ta mi - a, San - ta___ Lu - ci - a, San - ta Lu - ci - a!

2. Con questo zeffiro, cosi soave,
   Oh! com' è bello star sulla nave!
   Con questo zeffiro, cosi soave,
   Oh! com' è bello star sulla nave!
   Su, passeggieri, venite via!
   Santa Lucia! Santa Lucia!
   Su, passeggieri, venite via!
   Santa Lucia! Santa Lucia!

3. O dolce Napoli, O suol beato,
   ove sorridere vuol il creato;
   O dolce Napoli, O suol beato,
   ove sorridere vuol il creato;
   Tu sei l'impero dell 'armonia!
   Santa Lucia! Santa Lucia!
   Tu sei l'impero dell 'armonia!
   Santa Lucia! Santa Lucia!

Since the Second World War many Italians have been emigrating to Canada, adding their music to our cultural mosaic. This lovely old boat song from Naples is known and sung all over the world.

Depuis la Seconde Guerre mondiale, beaucoup d'Italiens ont immigré au Canada et ils ont ajouté leur musique à notre mosaïque culturelle. Cette charmante vieille chanson napolitaine est connue et chantée de par le monde.

Muss i denn

Allegro marziale

Muss i denn, muss i denn zum — Städ - te - le naus,

Städ - te - le naus, und — du, mein Schatz, bleibst hier? Wenn i

komm, wenn i komm, wenn i wie - de - rum komm,

wie - de - rum komm, kehr i ein, mein Schatz, bei dir. Kann i

gleich net all - weil bei dir sein, han i doch mei Freud' an —

dir. Wenn i komm, wenn i komm, wenn i wie - de - rum komm,

wie - de - rum komm, kehr i ein, mein Schatz, bei dir.

2. Wie du weinst, wie du weinst, dass i wandere muss,
wandere muss, wie wenn d'Lieb jetzt wär' vorbei!
Sind au drauss, sind au drauss der Mädele viel,
Mädele viel, lieber Schatz, i bleib dir treu.

Denk du net, wenn i en Andre seh,
no sei mei Lieb vorbei.
Sind au drauss, sind au drauss der Mädele viel,
Mädele viel, lieber Schatz, i bleib dir treu.

3. Übers Jahr, übers Jahr, wenn mr Träubele schneidt,
Träubele schneidt, stell i hier mi wiedrum ein.
Bin i dann, bin i dann dein Schätzele noch,
Schätzele noch, so soll die Hochzeit sein.
Übers Jahr, da ist mein' Zeit vorbei,
da g'hör i mein und dein.
Bin i dann, bin i dann dein Schätzele noch,
Schätzele noch, so soll die Hochzeit sein.

German Canadians form our third-largest group, next to British and French, and they have contributed much to our musical heritage. This old Swabian folk song, a young man's farewell to his home town and his sweetheart as he goes off to serve in the army, has become the quintessence of nostalgia for all Germans who have left their homeland.

Les Canadiens d'origine allemande tiennent le troisième rang suivant ceux d'origine britannique et française, et ils ont largement contribué à augmenter notre héritage musical. Cette vieille chanson folklorique de Souabe, l'adieu d'un jeune homme à son village et à sa bien-aimée au moment de son service militaire, est devenue la quintessence de nostalgie pour tout Allemand qui a quitté sa patrie.

Взявби я бандуру

(Bandura)

Capo - 3rd Position
Chords in Key of E minor

Capo - 3ᵉ position
Accords en ton de mi mineur

Ukrainians were among the first Europeans to come to Canada in large numbers. They brought with them a wealth of folk music, much of it played on the *bandura*, an ancient stringed instrument plucked with the fingers. This is the song of a lonely lover who sits playing mournful tunes on his bandura because his sweetheart has rejected him.

Les Ukrainiens représentent le premier groupe européen à venir au Canada en grand nombre. Ils apportèrent avec eux une richesse de musique folklorique, jouée surtout sur la "bandura", un ancien instrument à cordes que l'on pince avec les doigts. Cette chanson représente un amoureux solitaire qui reste assis à jouer des airs mélancoliques sur sa bandura parce que sa bien-aimée l'a repoussé.

Molenaartjes wind is Zuidenwind

Mo - le - naar - tjes wind is Zui - den wind. Van hup - sal - de -
ra fal - de - ra! En de mo - len draait en de
wind was Zuid, En op he - den is de Ro - se - mie - ma -
rijn de bruid, Van lie - rom, la - rom, hup - sa - sa!

2. Molenaartjes wind is Noordenwind, Van...
   En de molen draait en de wind was Noord,
   En op heden heeft de molenaar een ander soort!...

3. Molenaartjes wind is Oostenwind,...
   En de molen draait en de wind was Oost,
   En op heden zoekt de molenaar een ander troost!...

4. Molenaartjes wind is Westenwind,...
   En de molen draait en de wind was West,
   En op heden zegt de loze molenaar: "lest best!"...

For such a small country, the Netherlands has sent us a surprising number of immigrants. This popular Dutch song about a fickle miller who finds a new girl with each change of the wind reminds us of the characteristic windmills that stud the Dutch landscape.

Un pays aussi petit que la Hollande nous a quand même donné un nombre surprenant d'immigrants. Cette chanson populaire des Pays-Bas concernant un meunier volage qui se fait une nouvelle amie à chaque coup de vent nous rappelle les girouettes et moulins à vent qui dominent le paysage hollandais.

Podkóweczki Dajcie Ognia

Tempo di mazurka

Dziś, dziś, dziś, dziś, dziś, dziś, dziś, dziś! Pod - kó - wecz - ki—

daj - cie og - nia,— Bo dziew-czy - na— te - go god - na,

A czy god - na,— czy nie- god - na! — Pod - kó-wecz - ki—

daj - cie og - nia! Nu - że ży - wo, nu - że da - lej,

Bo pod-ków - ki są ze sta - li, Byś - my og - nia—

wyk - rze - sa - li,— Hej - że ży - wo,— nu - że da - lej!

2. Hej, zawracaj od komina,
A uwazaj której nie ma,
Jest tu Kasia, jest Marysia,
Tylko Zosi nie ma dzisiaj.
Grajźe, grajku, będziecz w niebie,
A basista bedźie koło ciebie,
Cymbalista jeszcze dalej,
Bo w cymbały dobrze wali.

After the Second World War some 4,600 Polish war veterans came to Canada, joining many Poles who came earlier. Lively dance tunes are characteristic of Polish music, and a favourite is the mazurka, a dance in triple metre performed by four or eight couples. This song evokes one of those lively heel-clicking dances.

Après la Seconde Guerre mondiale, plus de 4,600 anciens combattants de Pologne vinrent au Canada pour se joindre aux nombreux Polonais déjà installés au pays. Des airs de danse pleins d'entrain caractérisent la musique polonaise. La mazurka est très populaire; c'est une danse à trois temps pour quatre ou huit couples. Cette chanson rappelle une de ces danses entraînantes qui font claquer les talons.

Sakura

Capo - 2nd Position
Chords in Key of A minor
Capo - 2ᵉ position
Accords en ton de la mineur

Sa - ku - ra!   sa - ku - ra!   Ya - yo - i   no   so - ra _ wa,

Mi - wa - ta - su   ka - ghi - ri;   Ka - su - mi   ka?

ku - mo   ka?   Ni - o - i   zo   i - zu - ru;

I - za   ya!   i - za   ya!   Mi - ni   yu - ka - n.

Japanese Canadians have contributed greatly to Canada's culture, and Expo 70 has emphasized our links with Japan. The charm of the Japanese landscape is symbolized by cherry blossoms, and this little folk song extols their beauty and fragrance.

Les Canadiens d'origine japonaise ont contribué grandement à la culture canadienne, et Expo 70 a accentué nos liens avec le Japon. Les fleurs de cerisier symbolisent tout le charme du paysage japonais, et cette petite chanson folklorique célèbre leur beauté et leur parfum.

IV
Our National Anthem
Notre hymne national

O Canada!

Capo - 2nd Position
Chords in Key of C
Capo - 2ᵉ position
Accords en ton de do

Dr. R. Stanley Weir (English version)
A. B. Routhier (*Version française*)

Calixa Lavallée

Maestoso

O Ca - na - da! Our home and na - tive land! True pa - triot
O Ca - na - da! Ter - re de nos aï - eux, Ton front est

love in all thy sons com - mand. With — glow - ing hearts we —
ceint de fleu-rons glo - ri - eux! Car ton bras sait por - ter —

see thee rise, The — True North, strong and free, And —
l'é - pé - e, Il — sait por - ter la croix! Ton his -

stand on guard, O —— Ca - na - da, We stand on guard for —
toire est une é - po - pé - e, Des plus bril - lants ex -

thee. O Ca - na - da, glor - ious and free!
ploits, Et ta va - leur, de foi trem-pée.

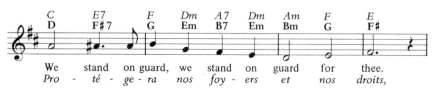

We stand on guard, we stand on guard for thee.
Pro - té - ge - ra nos foy - ers et nos droits,

O Ca - na - da, we stand on guard for thee!
Pro - té - ge - ra nos foy - ers et nos droits.

2. O Canada! Where pines and maples grow,
Great prairies spread and lordly rivers flow,
How dear to us thy broad domain,
From East to Western Sea,
Thou land of hope for all who toil!
Thou True North, strong and free!
O Canada, glorious and free!
We stand on guard, we stand on guard for thee.
O Canada, we stand on guard for thee!

3. O Canada! Beneath thy shining skies
May stalwart sons and gentle maidens rise,
To keep thee steadfast through the years
From East to Western Sea,
Our own beloved native land!
Our True North, strong and free!
O Canada, glorious and free!
We stand on guard, we stand on guard for thee.
O Canada, we stand on guard for thee!

2. *Sous l'œil de Dieu, près du fleuve géant,*
Le Canadien grandit en espérant.
Il est né d'une race fière,
Béni fut son berceau;
Le ciel a marqué sa carrière
Dans ce monde nouveau,
Toujours guidé par sa lumière
Il gardera l'honneur de son drapeau,
Il gardera l'honneur de son drapeau.

3. *De son patron, précurseur du vrai Dieu,*
Il porte au front l'auréole de feu,
Ennemi de la tyrannie,
Mais plein de loyauté,
Il veut garder dans l'harmonie
Sa fière liberté,
Et par l'effort de son génie,
Sur notre sol asseoir la vérité,
Sur notre sol asseoir la vérité.

142

O Canada! Our home and native land!
True patriot love in all thy sons command.
With glowing hearts we see thee rise,
The True North strong and free!
From far and wide, O Canada,
We stand on guard for thee.
God keep our land glorious and free
O Canada, we stand on guard for thee.
O Canada, we stand on guard for thee.

The song that finally became our national anthem in 1967 was first sung on St. Jean-Baptiste Day, June 24, 1880. The St. Jean-Baptiste Society had asked Calixa Lavallée, a well-known Quebec composer and pianist, to write a national hymn expressing the aspirations of the French Canadians, and Judge A. B. Routhier supplied the words. Then in 1908 Dr. R. Stanley Weir wrote the English version that is best known today.

Ce chant qui est enfin devenu notre hymne national, en 1967, a été d'abord chanté en 1880, le 24 juin Fête de saint Jean-Baptiste. La Société Saint-Jean-Baptiste avait demandé à Calixa Lavallée, pianiste et compositeur célèbre de Québec, de créer un chant national qui exprimerait les aspirations des Canadiens-français. Les paroles sont l'oeuvre du Juge A.-B. Routhier. Plus tard, en 1908, M. R. Stanley Weir a composé la version anglaise, laquelle demeure la mieux connue de nos jours.

V
Keep Right on Singing
Chantons toujours

You surely know many more songs than those contained in this book. Here are the titles of some others — see if you can remember the words.

Vous connaissez sûrement plusieurs autres chansons qui ne figurent pas dans le recueil. Voici des titres, voyons si vous vous souvenez des paroles.

Jack Monoloy
Les Fleurs de macadam
Pendant que
Nous serons cent, nous serons mille
Il avait fait fortune

Dominique
Ah! Si mon moine voulait danser
Mon Chapeau
C'est le plus beau jour de ma vie
Qu'on est bien

Ordinaire
La Boulée
Yes, apitchoum
C'est notre fête aujourd'hui
Je reviens chez nous
Sainte-Adèle, P.Q.
Le Métèque
Le Temps de vivre
La Solitude
Des ronds dans l'eau

Down by the River
Rag Mama Rag
Up on Cripple Creek
The Weight
Truth and Fantasy
Keeper of the Key
Here Comes the Sun
Maxwell's Silver Hammer

All You Need Is Love
A Little Help from My Friends

Let's Get Together
Put Your Hand in the Hand
My Nova Scotia Home
Love Is Blue
I'm Gonna Be a Country Boy
   Again
Tillsonburg
Bird Without Wings
Long Thin Dawn
Big Joe Mufferaw
Canadian Railroad Trilogy

You, Me and Mexico
These Eyes
Laughing
Big Yellow Taxi
Chelsea Morning
Woodstock
Bird on a Wire
It's Going Down Slow
Heart of Gold
Don't Let It Bring You Down

Yesterday
Michelle
Good Day Sunshine
I Love My Shirt
There Is a Mountain
Mellow Yellow
Catch the Wind
Don't Let the Sun Catch You
   Crying
If I Were a Carpenter
Will the Circle Be Unbroken?

145

Going to the Country
Blowin' in the Wind
Me and Bobby McGee
Alberta Bound
The Moon-Man Newfie
Turn! Turn! Turn!
If I Had a Hammer
Scarborough Fair
Raindrops Keep Fallin' on My Head
She's Like a Swallow

T'en fais pas la Marie
La Route est dure sur la montagne
Une Fleur au chapeau
Envoyons de l'avant
Feu, feu, joli feu
Moi, mes souliers
Perrine était servante
L'Hymne au printemps
Milord
La Mer
Green Grow the Rushes-O

Mary Ann

Matchmaker, Matchmaker
Little Boxes
I Know Where I'm Going
Waltzing Matilda
Rock-a My Soul
This Old Man
Loch Lomond

Au clair de la lune
Malbrough s'en va-t-en guerre
Le Fiacre
Marianne s'en va-t-au moulin
Savez-vous planter des choux?
J'ai perdu le "do" de ma clarinette
L'Eau vive

Fallait-il que je vous aime
Toi, le Printemps
Le Vent
Le Tour de la terre
Les Enfants de l'avenir
La Danse à Saint-Dilon
La Marie
Les Moines à Saint-Bernardin
Sur les monts
Un jour tu verras

Hey Jude
The Whistling Gypsy Rover
The Road to the Isles
Where Have All the Flowers Gone?
We Shall Overcome
Windmills of the Mind
Greensleeves
Yellow Submarine
Good Morning Starshine
Butterfly
Alouette
A Québec au clair de lune
Quand vous mourrez de nos
   amours
Il était un petit navire
Mon Merle
Plaisir d'amour
Ma Normandie
Cadet Rousselle
En passant par la Lorraine
Vive la compagnie

Scarlet Ribbons
Some Folks Do
All Through the Night
Aura Lee
There Is a Tavern in the Town
Children, Go Where I Send Thee
Oh Dear, What Can the Matter Be?

Trois Canards
Les Joyeux Troubadours

Le Temps du muguet

My Bonnie
He Holds the Whole World in
  His Hand
Shenandoah

Tom Dooley
The Campbells Are Coming
Blow the Man Down
Green Leaves of Summer
Don't Let the Rain Come Down
When Irish Eyes Are Smiling
Cool Water
Down in the Valley
I Walk the Line

Sur le pont d'Avignon
Elle contournera la montagne
J'ai lié ma botte
Ils ont les chapeaux ronds
Vive les matelots
Partons, la mer est belle
Qu'il fait bon vivre
La Vie en rose
A Saint-Malo

Funiculi-Funicula
Arrivederci Roma
Volare
Nel Blu Dipinto Di Blu
La Prima Cosa Bella
Bella Bimba

L'Archa di Noe
Yellow Bird
Jamaica Farewell
Gaudeamus Igitur

Der Jäger aus Kurpfalz
Freut euch des Lebens
O du lieber Augustin
Kommt ein Vogerl geflogen
Du, du liegst mir im Herzen
Im München steht ein
  Hofbräuhaus
Die Lorelei
Mijn Wagen
Emilia
Tsao yuan ching go

Hava Naguila
Wimoweh
Kum Ba Ya
La Paloma
La Cucaracha
Cielito Lindo
La Bamba
Guantanamera
This Wheel's On Fire
I Shall Be Released
The 59th Street Bridge Song
  (Feelin' Groovy)

Kujawiak
Ey, ukhnyem
Aj, lúčka, lúčka široká
Prídi ty, šuhajko ráno knám
Marken er mejet
Arvon mekin ansitsemme
Per Spelemann
Uti vår hage
Don't Think Twice, It's All Right
Like a Rolling Stone
Mr. Tambourine Man

The Sounds of Silence
Mrs. Robinson
Everybody's Talkin'
Puff the Magic Dragon
All My Trials
Corrina, Corrina

Do You Believe in Magic?
California Dreamin'
Monday, Monday
Oh, Susannah
Fire and Rain
Proud Mary

Index

ALPHABETICAL INDEX OF TITLES
INDEX ALPHABÉTIQUE DES TITRES

ALPHABETICAL INDEX OF FIRST LINES
INDEX ALPHABÉTIQUE DES PREMIÈRES LIGNES

27 37 47 57 67 77 87 97 08   AP 9 8 7 6 5 4 3 2 1